KB067623

리더의 비유

리더의 비유

초판 1쇄 발행_ 2018년 1월 2일
초판 2쇄 발행_ 2018년 1월 22일

지은이_ 한근태
펴낸이_ 이성수
편집_ 황영선, 이홍우, 박현지, 이효주
디자인_ 여혜영, 진혜리
마케팅_ 이현숙, 이경은
제작_ 박홍준

펴낸곳_ 올림
주소_ 03186 서울시 종로구 새문안로 92 광화문오피시아 1810호
등록_ 2000년 3월 30일 제300-2000-192호(구:제20-183호)
전화_ 02-720-3131
팩스_ 02-6499-0898
이메일_ pom4u@naver.com
홈페이지_ http://cafe.naver.com/ollimbooks

ISBN 978-89-93027-99-0 03320

※ 이 책은 올림이 저작권자와의 계약에 따라 발행한 것이므로
　 본사의 허락 없이는 어떠한 형태나 수단으로도 이 책의 내용을 이용하지 못합니다.
※ 잘못된 책은 구입하신 서점에서 바꿔드립니다.

이 도서의 국립중앙도서관 출판예정도서목록(CIP)은 서지정보유통지원시스템 홈페이지
(http://seoji.nl.go.kr)와 국가자료공동목록시스템(http://www.nl.go.kr/kolisnet)에서 이
용하실 수 있습니다.(CIP제어번호 : CIP2017033347)

세상을 움직이는 강력한 한마디

리더의 비유

한근태 지음

올림

비유는 힘이 세다

나는 비유를 좋아한다. 어떤 사람이 한 말은 다 잊어버려도 그가 한 비유는 늘 머릿속에 남아 있는 것만 봐도 그렇다. 내가 좋아하는 사람들의 공통점 가운데 하나는 비유를 잘한다는 것이다.

경영학의 아버지 피터 드러커가 그렇다. 딱딱한 인사 관련 이야기를 스포츠에 비유하여 쉽게 설명했다. 이런 식이다.

조직에는 세 종류가 있다. 야구팀 같은 조직, 축구팀 같은 조직, 복식 테니스 같은 조직이 있다. 야구팀은 각자의 역할이 분명하다. 아무리 바빠도 투수 대신 외야수가 공을 던지지는 않는다. 축구팀 역시 역할이 분명하지만 때로는 수비도 공격에 가담한다. 복식 테니스는 역할이고 자시고가 없다. 볼이 오면 가까이 있는 사람이 쳐내야 한다.

처음 이 말을 들었을 때 눈앞이 환해지는 느낌이 들었다. 팀의 특성에 대해 이보다 더 명쾌하게 표현할 수는 없다.

한국에서 비유의 대가는 사주명리학자 조용헌 선생이다. 그의 비유 중 하나다.

"동양학에는 사주명리, 풍수지리, 한의학 세 가지가 있는데, 각자의 상황이 다르다. 한의학은 경희대에 한의학과가 생기면서 시민권을 획득했다. 풍수지리는 최창조가 서울대 교수가 되면서 영주권을 얻었다. 근데 사주명리는 아직 불법체류자다."

비슷하지만 뭔가 차이가 있는 분야를 콕 집어 눈앞에 펼쳐놓듯 설명해준다.

음향에서 돌비 시스템은 기적 같은 기술이다. 이 기술이 처음 개발되었을 때 엔지니어들이 이를 일반인에게 설명하는데, 도대체 알아듣질 못했다. 너무 전문적인 용어를 사용했기 때문이다. 그때 어떤 사람이 이런 식으로 이야기했다.

"세탁기의 역할이 뭡니까? 빨래 안에 있는 오염, 이물질 등을 분리해 제거하는 겁니다. 돌비는 음 안에 있는 소음만을 뽑아내 제거하는 겁니다."

얼마나 명쾌한 설명인가? 이게 바로 비유의 힘이다.

비유는 힘이 세다. 비유를 사용하면 쉽게 이해시키고 설득할 수 있다. 비유는 꽉 막힌 생각을 뚫어준다. 어렴풋이 생각하던 것을 명확하게 만들어준다. 유머의 핵심도 비유다. 남자와 강아지의 공통점을 찾아내고, 남자와 여자를 산이나 과일의 특성에 빗대는 유머 등에 사람들이 환호하는 이유도 그 안에 비유가 있기 때문이다. 나도 그렇게 생각했는데 누군가가 그 핵심을 찾아 비유했기 때문이다. 만약 우리가 비유를 자유자재로 활용할 수 있다면 이는 엄청난 축복이다.

비유는 지혜의 최고봉이다. 비유를 잘하면 멋진 연설을 할 수 있고 설득의 대가가 될 수도 있다. 비유는 가장 강력한 커뮤니케이션 기술이다.

"가장 위대한 일은 비유의 대가가 되는 일이다."

아리스토텔레스의 말이다.

그런데 비유를 잘하기란 결코 쉽지 않다. 다양한 분야에 대해 많이 공부해야 하고, 그것의 핵심이 뭔지도 파악해야 하고, 다양한 사건이나 사물 사이의 공통점과 차이점도 찾아야 하고, 이를 시의적절하게 활용할 수 있어야 한다. 무엇보다 비유에 관한 많은 사례가 필요하다. 내가 이 책을 쓴 가장 중요한 이유다.

　이 책이 사람들에게 통찰력을 주고, 커뮤니케이션을 원활하게 만들어주고, 유머감각을 키우는 데 기여했으면 하는 바람이다.

한근태

차례

2 달걀이 맛있다고 닭을 꼭 만나야 할까요?

삶을 깨우치는 비유

3 가장 아름다운 만남은 어떤 만남일까
관계가 좋아지는 비유

4 눈높이를 맞추면 짖던 개도 조용해진다

리더십이 강해지는 비유

5. 까마귀는 바람 부는 날 집을 짓는다

비즈니스를 살리는 비유

6 섹스는 나이 들어서 한꺼번에?
설명이 똑부러지는 비유

1

"낳았으면 책임져주세요"

대중을 사로잡는 비유

노무현은 흔들어도
경제는 흔들지 말아주세요

리더는 말로 사람을 움직일 수 있어야 한다. 원고 없이 사람의 마음을 살 수 있어야 한다. 특히 한 나라의 대통령은 더욱 그렇다. 오바마 대통령이 좋은 평가를 받을 수 있었던 이유 중 하나도 바로 스피치 능력 덕분이다. 노무현 대통령의 스피치 능력도 참 뛰어나다. 몇 가지 사례를 보기로 한다.

우선, 후보 때의 일이다. 광주 시민의 지지를 호소하면서 이렇게 말했다.

"아이를 낳으면 제 발로 걸을 수 있을 때까지는 키워줘야지, 몇 번 넘어진다고 안 키워주면 어떻게 합니까? 낳았으면 책임져주십시오."

2002년 10월 대통령 선거 당시 광주 전남 지역 지지 교수들과의 대화 자리에서 한 말이다. 대통령 후보 당내 경선 때 광주가 노풍의 진원지가 되었던 사실을 상기시키며 본선에서의 지지를 호소한 것이다.

같은 해 11월 부산대 앞에서 펼친 거리 유세에서는 이런 말을 했다.

"사자는 새끼를 낳아서 그냥 키우지 않습니다. 새끼를 물어서 벼랑에 떨어뜨려 살아 돌아온 놈들만 키운다고 합니다. 저는 부산에서 계속 떨어졌습니다. 전 그것을 강한 사자가 되란 뜻으로 받아들였습니다. 그래서 이렇게 살아 돌아왔습니다."

부산 출신 정치인이지만 이곳에서 낙선을 거듭했던 자신이 이제 대통령 후보가 되어 돌아왔음을 새끼 사자에 빗대어 이야기한 것이다.

대통령이 된 후 사저 앞에서 방문객들이 차기 정권의 대북정책 방향을 묻자 그는 이렇게 답했다.

"전임 사장이 어음을 끊으면 후임 사장이 결제해야 합니다."

김대중 대통령의 햇볕정책을 계승하겠다는 말이다. 참으로 명쾌한 설명이다.

경제성장률이 예전에 비해 낮다는 비판에 대해서는 이렇게 말했다.

"성장이라는 게 이렇습니다. 애는 부쩍 클 때가 있습니다. 애가 중학생 때 1년에 7센티 컸다고 대학 간 후에도 1년에 7센티 클 것으로 기대하면 안 됩니다. 대학생 때는 1~2센티만 커도 됩니다. 그래도 괜찮습니다."

부정부패금지법의 당위성도 이렇게 쉽게 설명했다.

"낚시할 때 떡밥을 너무 많이 뿌리면 강물이 오염되어 고기가 죽습니다. 우리가 사는 세상도 그렇습니다. 그래서 법으로 떡밥 뿌리는 것을 금지하고 있습니다. 다른 사람들이 떡밥을 마구 뿌려 고기들이 그곳으로 몰려가는 게 보이는데 그럼 어떻게 합니까?"

그는 재임 중 엄청난 비난에 시달렸는데 그에 대해서는 이렇게 응수했다.

"노무현은 흔들어도 경제는 좀 흔들지 말았으면 좋겠어요. 여기까지 오는 동안 파도는 높아졌고 수렁은 깊었습니다. 그래서 시야는 넓어졌고 시선은 멀어졌습니다. 바른 것과는 친해졌고 잘못된 것과는 결별했습니다."

노무현 대통령은 유머감각도 있었다. 한번은 시장에서 홍삼 파는 아줌마들과 이야기를 나누고 있었다. 홍삼이 남자에게 좋다는 이야기를 열심히 하자 노무현은 이렇게 말한다.

"그 이야기는 제 집사람에게는 하지 마세요. 그럼 매일 홍삼만 먹으라고 할 겁니다."

밧줄을 흔들거나
소리를 지르면 안 되는 까닭은

　　　　　예나 지금이나 정치인들은 온갖 비난에 시달린다. 아니 사람들의 불평불만을 듣는 것이 직업의 본질일지 모른다. 링컨 대통령도 남북전쟁 때 온갖 소리를 다 들었다. 그 때문에 일을 추진하기 어려웠다. 그는 절묘한 비유로 이 난관을 돌파했다.

　"여러분, 지금 잠시 어떤 상황을 상상해주십시오. 지금 당신 재산을 모두 금이나 현금으로 바꿔 줄타기 명인 브론딘에게 맡겼습니다. 그로 하여금 나이아가라폭포 위에 쳐놓은 밧줄을 타고 운반해달라고 부탁했습니다. 그가 줄을 타고 가는데 밧줄을 흔들거나 '브론딘, 조금만 허리를 낮추게! 좀 더 빨리 빨리!' 하고 소리를 지를까요? 아마 그렇지 않을 겁니다. 조용히 숨을 죽이고 안전하게 건너가기를 기원하게 될 것입니다.

　우리 정부도 같은 상태에 있습니다. 무거운 짐을 지고 폭풍이 몰아치는 넓은 바다를 건너가려 하고 있습니다. 미지의 보물이 그 손에 맡겨져 있습니다. 정부는 최선의 노력을 다하고 있습니다. 방해하지 말아주십시오. 조용히 지켜봐주십시오. 그렇게 한다면 반드시 난국을 무사히 헤쳐나갈 것입니다."

　절묘한 비유다. 그냥 제발 잠자코 있어 달라고 말하는 것과는 차원이 다르다.

파리가 싫다고
창문을 안 열 수 있나

나는 포퓰리즘 정치가를 미워한다. 표에만 눈이 어두워 실현 불가능한 사탕발림을 하는 사람을 좋아하지 않는다. 정치가는 국민에게 뭔가를 요구하고, 꼭 필요한 일이라면 때로는 그들이 싫어한다 하더라도 적극적으로 나서서 해야 한다고 생각한다. 그렇게 하기 위해서는 무엇보다 연설하는 능력, 설득하는 능력이 필요하다. 그런 면에서 싱가포르는 우리보다 한 수 위다.

리셴룽 싱가포르 총리는 2005년 4월 18일 국회의사당을 찾았다. 복합리조트 개발 계획을 관철시키기 위해 국회의원들을 만나러 간 것이다. 복합리조트 사업이 왜 필요한지, 이를 위해 정부가 어떤 노력을 했는지 상세히 설명했다. 그는 "내 눈에 흙이 들어가기 전에는 카지노는 안 된다"고 했던 아버지 리콴유 전 총리를 설득했고, 마지막으로 의회 설득만 남은 상태였다. 의원들은 사행심을 조장할 것이다, 게임 중독의 위험이 있다며 반대할 것이 뻔했다. 당신 같으면 이때 어떻게 하겠는가?

리 총리는 먼저 자신도 한때 카지노를 반대했다고 고백했다. 그럼에도 불구하고 다른 글로벌 도시들에 비해 뒤처지는 싱가포르 경제를 활성화하기 위해서는 꼭 필요하다고 주장했다. 그래서 단순한 카지노가 아닌 복합리조트를 선택했다고 밝혔다. 그는 복합리조트가 싱가포르 사회에 끼치는 악영향과 마이너스 요인들을 상세히 나열한 뒤 이렇게 이야기했다.

"창문을 열면 신선한 공기를 호흡할 수 있지만 동시에 파리 같은 곤충들과도 싸워야 합니다. 곤충이 싫다고 문을 안 열 수는 없습니다."

싱가포르 경제를 일으킨 '신의 한 수'라는 평가를 받고 있는 마리나 베이샌즈(MBS)는 그렇게 해서 탄생할 수 있었다.

옆집에 불이 났는데,
돈부터 받고 호스를 빌려주라고?

2017년 1월 20일, 트럼프 미국 대통령은 취임 연설에서 '미국 우선(America First)'을 기치로 내세웠다. 매사에 미국의 이익을 우선하겠다고 선언한 것이다. 단기적으로 인기를 얻어 대통령에 당선되었지만, 그게 제대로 작동할지는 두고 봐야 한다. 요즘 같은 글로벌 시대에 미국만 우선하는 정책이 존재할 수는 없다. 다른 나라들은 모두 미국을 위해 노력해야 한다는 말처럼 들린다. 반에서 제일 주먹이 센 애가 다른 애들한테 "다 나에게 잘 보여. 내게 찍히면 죽는 줄 알아"라고 공갈 협박을 하는 것과 조금도 다르지 않다. 트럼프에게 프랭클린 루스벨트 대통령 이야기를 들려주고 싶다.

2차 세계대전 당시 고립주의를 택하고 있던 미국은 전쟁으로 어려움에 빠진 영국을 돕기 위해 무기를 대여하기로 결정했다. 하지만 여론은 왜 쓸데없는 데 돈을 쓰느냐며 시끄러웠다. 그때 루스벨트 대통령은 이렇게 이야기함으로써 들끓는 여론을 잠재웠다.

"이웃집에 불이 났다고 생각해보십시오. 저에겐 150미터 길이의 호스가 있습니다. 그 사람에게 이 호스가 있다면 소화전에 연결하여 불을 끌 수 있습니다. 여러분이라면 어떻게 하겠습니까? '이봐요, 15달러짜리니까 내게 돈을 내시오'라고 말하겠습니까? 아니면 일단 빌려주겠습니까? 어떤 게 최선일까요? 저는 15달러를 받고 싶지 않습니다. 일단 불을 끈 후 호스만 돌려받고 싶습니다. 호스가 무사하다면 좋겠지만 안 그래도 할 수 없지요. 그런데 만약 이웃에게 호스를 빌려주지 않고 그 집이 불타버린다면 어떻게 될까요? 그 불이 우리 집까지 태운다면 어떨까요? 그게 여러분이 원하는 것입니까?"

나는 현재의 미국이 이웃집에 난 불을 방관하다가는 미국까지 불이 옮겨붙게 될 것으로 생각한다. 그때도 '미국 우선' 운운할 수 있을까? 트럼프의 앞날이 아주 궁금하다.

곧 죽을 줄 모르고
꿀 떨어지기만 기다리네

우리나라 역대 대통령들은 대부분 뒤가 좋지 않았다. 대통령과 가까이 있었던 사람들 역시 비슷한 운명이었다. 그럼에도 불구하고 수많은 사람이 대통령이 되기 위해 애를 쓴다. 자신을 과장하고, 남을 씹고, 거짓된 말로 사람들을 현혹한다. 그렇게 대통령이 되고 싶을까? 국회의원이 되려는 사람들도 비슷하다. 겉으로는 국민을 위한다고 하지만 대부분은 자신과 주변 사람의 이익을 좇는 것이 아닐까? 어느 쪽인지를 구분하는 간단한 방법이 있다. 월급을 제로로 하고 권한은 10분의 1로 줄이는 것이다.

나는 끊임없이 돈과 권력을 좇는 사람에게 《불설비유경(佛說譬喩經)》에 나오는 이야기를 들려주고 싶다.

한 남자가 코끼리에게 쫓기고 있었다. 급한 나머지 칡넝쿨을 타고 우물로 내려가는데 우물 바닥에는 독사가 아가리를 벌리고 있다. 그뿐이 아니다. 우물 중간 벽에는 작은 뱀들이 기어 다니고 있다. 설상가상 흰 쥐와 검은 쥐가 번갈아 칡넝쿨 윗부분을 갉아먹고 있다. 바닥으로 떨어지는 건 시간문제다. 그런데 어디선가 날아온 벌 다섯 마리가 역시 칡넝쿨 윗부분에 집을 짓고 꿀을 한 방울씩 떨어뜨린다. 남자는 자신의 처지를 잊은 채 꿀에 대한 생각만 한다. 왜 꿀이 더 떨어지지 않나, 어떻게 하면 꿀을 더 먹을 수 있을까만 생각한다.

어리석은 인간의 삶에 대한 비유다. 코끼리는 세월이고 독사는 죽음이다. 흰 쥐와 검은 쥐는 낮과 밤이고 작은 뱀은 질병을 말한다. 벌 다섯 마리는 인간의 오욕(五慾)인 재물욕, 색욕, 식욕, 명예욕, 수면욕을 말한다. 곧 죽을 인생인데, 그 사실을 잊은 채 탐욕에 빠져 정신을 차리지 못하는 우리 인간을 꼬집는 비유다.

돈을 좇는 것은 좋다. 권력을 좇을 수도 있다. 하지만 늘 그 대가를 생각해야 한다. 돈을 좇다 사람을 잃을 수도 있고, 일만 하다 건강을 상하거나 가족 간 사랑에 소홀할 수도 있다. 권력도 그렇다. 권력은 속성상 업을 지을 수밖에 없다. 적을 양산한다.

당신이 좇는 그것이 그만한 가치가 있는지, 그런 일을 감당할 자신이 있는지를 늘 생각해야 한다.

조기축구회 잘해봤자
월드컵 제패 못한다

"조기축구회를 활성화한다고 월드컵을 제패할 수 있을까? 불가능하다. 조기축구회가 잘해봤자 거기서 거기다. 한계가 있는 것이다."

외환위기 때 맥킨지 대표가 한 말이다. 그 말을 듣고 전율을 느꼈었다. 짧지만 깊은 의미를 품고 있는 말이었다.

나는 그의 말을 듣고 몇 가지가 연상되었다. 우선, 채용의 중요성이다. 채용이 알파요 오메가다. 채용이 잘되면 그 조직은 살아나고 채용이 잘못되면 그 조직은 무너진다. 아무리 전략을 잘 세우고 마케팅을 잘하고 홍보를 잘해도 한계가 있다. 그런 면에서 어느 조직이나 그 조직의 수준은 구성원들의 수준을 넘어서지 못한다. 둘째, '누가 우리 발목을 잡고 있는가' 하는 문제다. 나는 정치하는 사람과 정치에 지나치게 관심이 높은 일부 법조인과 공무원이 발목을 잡고 있다고 생각한다. 오래전 한 대기업 회장이 "기업은 일류인데 정치는 삼류"라는 말을 했는데, 많은 사람이 여전히 그 말에 공감하고 있다. 셋째, '이 상태로 대한민국이 온전할 수 있는가' 하는 문제다. 쉽지 않을 것이다. 그럼 대안은 무엇일까?

대통령을 비롯한 주요 보직자를 수입하는 것이다. 우선 미국의 오바마 대통령을 비롯해 리더십이 검증된 몇몇 사람을 수입할 것을 제안한다. 정말 잘할 것 같다. 프로야구, 프로축구에서는 외인구단의 활약이 눈에 띄는데, 가장 중요한 정치는 왜 꼭 우리끼리만 해야 하는가? 일만 올바르게 잘한다면 수입하지 못할 이유가 없다. 지금처럼 엉망으로 정치를 해서 국민의 신뢰를 잃게 된다면 또다시 나라를 빼앗기지 않는다는 보장이 있겠는가? 필리핀이나 아르헨티나처럼 추락하지 말라는 법이 있겠는가?

마지막으로 이런 질문을 던지고 싶다. 21세기의 이완용은 어떤 모습을 하고 있을까? 미래에 후손들이 누구를 제2의 이완용으로 부를까? 모두에게 던지고 싶은 질문이다. 나는 나라를 잃은 뒤 자결하고 분통해하는 그런 사람이 되고 싶지는 않다.

시청자도
건강진단을 받아야

오바마 대통령의 퇴임 연설은 정말 멋졌다. 많은 사람이 왜 한국에는 저런 대통령이 나타나지 않을까 한탄을 한다. 그런 대통령이 보고 싶은 사람은 아마 나뿐만이 아닐 것이다. 문득 이런 생각이 들었다.

'대통령과 국민을 따로 떼어서 생각할 수 있을까? 국민들은 괜찮은데 이상한 대통령이 등장할 수 있을까?'

그렇지 않다. 대통령의 수준이 곧 국민의 수준이다. 대통령이 국민의 수준을 뛰어넘기는 쉽지 않다. 그렇고 그런 국민들이 그렇고 그런 대통령을 뽑게 되어 있기 때문이다. 나는 그런 면에서 '천하흥망 필부유책(天下興亡 匹夫有責)'이란 말에 동의한다. 세상의 흥망은 모든 사람에게 책임이 있다는 말이다.

국민의 수준과 비슷한 것이 바로 텔레비전 프로그램이다. 텔레비전을 틀면 정말 맘에 들지 않는 먹방, 말도 되지 않는 프로그램으로 차고 넘친다. 어떨 때는 짜증이 난다. 하지만 프로그램이야말로 시청자들의 수준을 반영한다. 프로그램은 시청률을 먹고 살기 때문이다. 말도 안 되는 프로그램이 인기를 끈다는 건 무슨 뜻일까? 좋은 프로그램이 방송을 시작한 지 얼마 되지 않아 조용히 사라진다는 것은 무슨 의미일까? 정확하게 우리의 관심과 수준에 비례하는 것이 아닐까? 그런 면에서 나는 PD 출신 주철환 교수가 한 말에 동의한다.

"방송은 선거와 비슷하다. 시청자는 유권자고 그들은 매일 투표한다. 문제는 정말 괜찮은 프로에 투표하지 않는다는 것이다. 그저 구미에 맞는 프로의 손을 들어줄 뿐이다. 시청자는 자신이 권력자란 사실을 모른다. 그래서 정기적으로 건강진단을 받아야 한다. 증상에 대한 진단만 무성할 뿐 정확한 처방이 없다. 환자를 야단만 치지 말고 따뜻한 시선을 지녀야 한다. 알코올중독자에게 왜 이 지경이 되도록 몸을 함부로 다뤘느냐고 야단치는 것이 무슨 소용이 있는가? '저 따위 프로에 내가 마음을 빼앗기다니'하는 시청자의 각성이 필요하다. 시청자가 잘하면 제작자는 저절로 잘하게 되어 있다."

우리는 우리의 수준을 결코 뛰어넘을 수 없다. 지금 우리가 대통령을 욕하고 텔레비전 프로그램을 비난하지만 그것은 지금 우리의 수준을 반영하는 잣대일 뿐이다. 수준을 높이려면 우리 각자의 각성과 노력이 필요하다.

먼저 공격했다면
그럴 수 있을까?

 중소기업을 운영하는 어느 사장에게서 들은 이야기다.

그의 아버지는 북에 아들을 둔 채로 월남했고, 오랜 세월이 흐른 후 그 아들을 만나러 중국에 갔다. 그때 그가 아버지와 동행하게 되었는데, 중간 역할을 했던 선장이 갑자기 이런 질문을 했다.

"예전에 남한이 먼저 북한을 공격한 사실을 알고 있느냐?"

6·25전쟁을 남침이 아닌 북침이라고 우긴 것이다. 기가 막힌 그는 이렇게 말했다고 한다.

"당신이 나보다 젊고 덩치도 크다. 만약 당신과 내가 싸운다면 누가 이기겠는가?"

선장은 당연히 자신이 이길 거라고 답했다.

"그런데 가만있는 당신을 내가 갑자기 공격하면 어떨 거 같은가? 당신이 다치겠는가, 안 다치겠는가?"

선장은 조금은 다치지 않겠느냐고 답했다. 아무리 강자라 해도 갑자기 기습 공격을 당하면 다치기 마련이다. 일본과 미국의 전쟁에서도 그랬다. 일본이 자꾸 동남아시아를 공격하자 미국이 말렸다. 말을 듣지 않으면 석유를 비롯한 무역을 통제하겠다고 협박했다. 참다 못한 일본이 강대국 미국을 먼저 공격했다. 진주만 공격이다. 누가 봐도 일본이 지는 전쟁이었지만, 예상치 못한 일격을 당한 미국도 전세를 역전시키는 데는 몇 달의 시간이 필요했다.

"그런데 6·25전쟁은 어떤가? 3일 만에 서울을 빼앗겼다. 당신 주장대로 남한이 먼저 공격했다면 3일 만에 수도를 빼앗길 수 있는가? 말이 되는가?"

그 말을 들은 선장은 자신의 잘못을 인정할 수밖에 없었다.

부처 눈에는 부처가 보인다

태평양전쟁에서 패한 일본은 특수 위안시설을 만들어 미군들에게 매춘을 제공했다. 민간 차원이 아닌 정부 차원의 결정이었다. 한 회당 15엔을 받았는데, 담뱃값도 안 되는 돈이었다. 역사적으로 점령군을 위해 자발적으로 위안시설을 제공한 유일한 사례다. 왜 이런 결정을 했을까?

일본은 태평양전쟁 중 그들이 점령한 아시아 국가들에서 수많은 성범죄를 저질렀다. 한국에서는 정신대란 이름으로 그런 짓을 일삼았다. 그런 일본이 패전국이 되고 보니 미군들이 자기들처럼 행동할까 봐 두렵고 불안할 수밖에 없었다. 그래서 일반 여성들을 성범죄로부터 구할 의도로 합법적인 매춘을 만든 것이다.

재커리 쇼어 미 해군사관학교 교수는 이것이 일본 정부의 최대 실수라고 주장한다. 자신의 잣대로 남을 평가하고 벌인 일이 씻을 수 없는 오점을 남긴 것이다.

유난히 음모론을 자주 주장하는 사람이 있다. 무슨 사건이 터질 때마다 팩트를 보는 대신 자작극이란 식으로 작사작곡을 하면서 그 안에 뭔가 음모가 숨어 있다는 주장을 펼친다. 또 이를 충성스럽게 받아옮기는 언론사도 있다. 이들은 왜 그럴까? 왜 쓸데없는 짓을 해서 세상을 혼란스럽게 만들까? 자신들이 그런 사람이기 때문이다. 자신들이 늘 음모를 생각하기 때문이다.

세상을 부정적으로만 보는 사람들도 있다. 세상에 믿을 놈이 어디 있느냐는 식이다. '모두가 기어오른다, 모두가 서로를 잡아먹지 못해서 난리다, 모두가 도둑놈이다'라는 식의 주장을 펼친다. 그러면서 자신은 나름 똑똑하다고 생각한다. 착각 중의 착각이다.

나는 그 사람 자체가 그렇다고 생각한다. 자신이 그러니까 다른 사람도 덩달아 그런 사람으로 생각하는 것이다. 부처님 눈에는 부처가 보이고 돼지 눈에는 돼지만 보이는 법이다. 나는 세상은 살 만한 곳이라고 생각한다. 못 믿을 사람보다 믿을 사람이 많다고 생각한다. 내가 믿음을 주면 그 사람도 나를 믿는다고 생각한다. 모든 사람을 믿는 것은 위험하다. 하지만 아무도 믿지 않는 것은 더 위험하다.

은행털이가 은행을 털지 않은 것이
칭찬할 일인가요?

보비 존스는 전 세계 골퍼들로부터 구성
(球聖)으로 추앙받는 인물이다. 1923년 약관의 나이로 US오픈에서 첫
우승을 차지한 후 8년간 영국과 미국의 오픈 및 아마추어 선수권대회
에서 13회나 우승한 전설적인 인물이다.

1925년 US오픈에서 그는 경기 도중 샷을 준비하는 과정에서 러프
에 떠 있던 볼이 아주 조금 움직였다고 해서 그 홀의 스코어 4를 5로
신고했다. 아무도 보는 사람이 없었지만 자진해서 자신의 타수를 한
타 올린 것이다. 그 때문에 우승을 놓쳤다. 사람들은 이런 그의 모습에
열광하면서 너도나도 칭찬했다. 하도 사람들이 칭찬하자 그는 이렇게
말했다.

ⓒ서경호

"볼을 움직인 걸 움직였다고 신고하는 건 당연한 겁니다. 자꾸 이를 칭찬하는 건 은행털이가 은행을 털지 않았다고 칭찬하는 것과 같습니다. 칭찬할 일이 아닙니다. 골퍼라면 당연히 할 일을 한 것뿐입니다."

존스는 그날 한 타 차이로 우승을 놓치고 말았다. 하지만 이 사건으로 매우 유명해졌고, 골프계의 구성으로 존경받게 되었다.

교회는 주유소,
교인은 자동차

지하철을 타거나 역에 가면 자신의 종교를 선전하는 사람들을 보게 된다. 불특정 다수의 사람들에게 자신이 믿는 신을 믿으면 천당에 가고, 그렇지 않으면 지옥에 간다며 소리를 높인다. 그 사람들 딴에는 진지한 마음으로 그런 행동을 할 것이다. 그것이 자신이 믿는 신을 위한 행동이라고 생각할 것이다. 그런데 결과는 어떨까? 그런 사람이 많을수록 그들 때문에 그 종교에 대해 실망하게 될 것이다. 이미 믿고 있는 사람들조차 부끄러워하고, 믿으려고 마음먹었던 사람들도 발길을 돌릴 것이다.

모든 종교는 전도를 중요한 목표로 삼는다. 믿음의 속성이 원래 그렇다. 그렇다면 전도를 위한 최선의 방법은 무엇일까? 자신의 종교를 드러내지 않는 것이다.

종교는 공(功)과 같다. 공로는 스스로 드러내는 순간 사라진다. 종교도 그렇다. 자신의 종교를 함부로 드러내고 이를 강요하는 순간 전도와는 거리가 멀어진다. 말 대신 행동으로 보여주면 된다. 종교를 통해 자신이 맑고 바른 사람으로 바뀌면 된다. 당신이 착하게 살면 "역시 믿음을 가진 사람들은 뭐가 달라도 다르다"고 하면서 사람들이 그 종교에 관심을 가질 것이다. 그게 최선이다.

"교회는 주유소이고 교인은 자동차다. 주일은 서론이고 평일이 본론이다. 주유소에서 기름 채운 차가 성실하게 달린다면 세상 보는 눈이 달라질 것이다."

임종수 큰나무교회 목사의 말이다. 정말로 적절한 비유가 아닐 수 없다.

식인종에게 포크를
쓰게 한다?

경영학의 목적에 대한 논의는 오랜 역사를 갖고 있다. 학문이 아니라고 폄하하는 의견도 많다. 경영학을 공부한다고 해서 반드시 경영을 잘하는 것도 아니다. 만약 에디슨이 경영학을 공부했다면 전기를 발견하는 대신 좀 더 큰 촛불을 만들었을 것이란 이야기도 한다. 경영학의 목적은 경영자를 키우는 것이 아니라 경영학과 교수를 만들기 위한 것이라는 주장도 있다.

데미 무어 주연의 〈지 아이 제인(G. I. Jane)〉이란 영화가 있다. 사상 처음으로 여성이 남성들도 어렵다는 특수부대에 도전하면서 겪게 되는 에피소드를 다룬 작품이다. 이를 밀어붙이는 여성 상원의원이 남성성이 강한 해군사령관 후보자와 여성의 지위 향상에 대한 논쟁을 벌인다. 사령관 후보자가 나름 여성을 위해 여러 방면으로 노력을 하고 있다고 주장하자 여성 상원의원은 이렇게 답변한다.

"그 이야기는 식인종에게 나이프와 포크를 쓰게 하겠다는 것처럼 들리네요."

기막힌 비유다. 여성의 지위 향상을 위해 뭔가를 하고 있다고 주장하지만 별로 설득력이 없고 그저 겉치레에 불과한 것 아니냐는 비판을 그렇게 표현한 것이다. 보다 중요한 건 내용이고 실속이다.

교육은 물음표로 시작하고
마침표로 끝난다

　　　　　　　　　　　　누구나 교육에 대해서는 나름의 의견을
갖고 있다. 나 또한 그렇다.

　한번은 어느 지방의 교육청에서 교육장과 교장들을 대상으로 강연
을 하게 되었다. 강연에 앞서 미리 몇 가지 질문을 던졌다. 신경건축학
이란? 한자 '斌'의 뜻과 발음은? 대답하는 사람이 없었다. 곧이어 최근
에 스파크가 튄 사건이 있는지를 물었다. 이 질문에도 별다른 답이 나
오지 않았다. 우리가 잘 먹는 빵 크루아상의 유래를 알고 있는지도 물
어보았다. 역시 아는 사람이 없었다. 나는 설명을 시작했다.

　신경건축학은 건물의 구조, 조명, 레이아웃 등이 사람의 심리에 미
치는 영향을 공부하는 학문이다. 斌은 '빛날 빈'이다. 문과 무가 합쳐질

때 빛이 난다는 의미에서 만들어진 글자다. 크루아상은 오스트리아를 침공한 오스만투르크를 물리치는 데 결정적 정보를 제공한 빵집 주인이 오스만투르크의 상징인 초승달 모양의 빵을 만들었고, 마리 앙투아네트가 프랑스로 시집가면서 그 빵이 퍼진 데서 유래했다.

내가 그들에게 이런 질문을 던진 이유는 간단하다. 교육은 호기심을 갖고 뭔가에 대해 의문점을 품는 데서 출발한다는 것을 알려주기 위해서다.

깨달음이란 어디서 올까? 궁금증, 추측, '혹시 이런 것은 아닐까'라는 생각에서 온다. 교육이란 물음표로 시작해서 마침표로 끝나는 것이다. '이게 뭐지? 왜 이렇지?'라며 고민을 하다가 답을 알고 "아하!" 하고 소리치는 것이다.

높은 사람과
죄수의 공통점

높은 사람과 중죄인 사이에는 몇 가지 공통점이 있다.

첫째, 독방에 갇혀 있다. 일반인들은 큰 사무실에서 다 같이 지내지만, 높은 사람들은 대부분 큰 방에서 혼자 지낸다. 큰 죄를 지은 사람도 그렇다.

둘째, 누군가가 지키고 있다. 나 같은 사람은 늘 혼자 다닌다. 누구의 감시도 받지 않는다. 높은 사람일수록 지키는 사람이 많다. 기사와 비서는 기본이다. 아주 높은 사람은 보디가드까지 있다. 총으로 무장하기도 한다. 이들의 주 임무는 높은 사람의 일정을 관리하고 그가 일정대로 움직이게 하는 것이다. 죄질이 나쁜 사람 역시 간수들이 일거수일투족을 감시한다.

셋째, 독립성이 떨어진다. 높은 사람은 자신이 직접 하는 게 없다. 대부분 남의 손을 빌린다. 자기 일정도 비서가 관리하고, 전화도 대신 걸어주고, 글도 대신 읽어준다. 운전도 하지 않는다. 그렇기 때문에 그 자리에서 내려오면 할 줄 아는 게 없다. 운전도 못하고, 팩스도 못 보내고, 전철도 탈 줄 모른다. 점점 사회 부적응자가 된다. 죄수도 그렇다. 늘 정해진 일정에 따라 움직인다. 때가 되면 밥을 먹고, 운동하고, 책을 보고…. 자신이 독립적으로 할 수 있는 게 없다. 시간이 흐를수록 사회 적응력이 떨어진다.

넷째, 그 자리를 떠나면 다른 일 하기가 어렵다. 한 번 장관이면 영원한 장관이다. 은퇴해서 하는 일이 없어도 다들 장관님이라고 부른다. 장관 하던 사람이 다른 일 하기는 어렵다. 다른 일을 하려고 하면 다들 뭐라고 뒷말을 한다. 너무 높은 자리에 오르면 그다음 자리는 사라진다. 대통령을 하던 사람이 다른 곳에 취직할 수는 없다. 죄수도 그렇다. 전과자란 낙인이 찍히면 다른 곳에 취직하기가 어렵다.

다섯째, 늘 표를 내고 다닌다. 권력을 맛본 사람은 어깨에 힘이 들어간다. 늘 대접을 받으려 하고 남이 알아주지 않으면 화를 낸다. 죄수는 온몸에 문신을 하고 동네 목욕탕에서 거들먹거린다. 남들이 자신을 두려워한다고 착각한다.

이래저래 재미난 세상이다.

자연은 순수를 혐오한다

섞여야 건강하다. 섞여야 아름답다. 자연
이 그렇다. 자연은 태초부터 지금까지 늘 섞여왔다. 언제나 다양해지
는 방향으로 움직였다. 다양해지기 위해 섹스도 생겨났다. 섹스란 다
름 아닌 유전자를 섞는 과정이다.

자연은 순수를 혐오한다. 그걸 모르고 사람들은 큰 밭 가득 한 작물
만 심는다. 곤충들에게는 그런 횡재가 없다. 자연에서는 공략 대상이
띄엄띄엄 떨어져 있어 일일이 찾아다니며 파먹어야 하는데, 사람들이
친절하게 한 곳에 다 모아놓으니 얼마나 신나는 일인가. 요즘 유행하
는 조류독감의 원인도 따지고 보면 다양성이 부족하기 때문이다. 오늘
날 양계장의 닭들은 계속해서 알을 잘 낳도록 선택되고 사육되어 거

의 복제 닭 수준이다. 게다가 닭장이 비좁아 운동은커녕 숨도 제대로 못 쉬게 만들어놓았으니 바이러스 입장에서는 이보다 더 좋을 수 없는 것이다.

최재천 이화여대 교수의 말을 재구성한 것인데, 나는 그의 말에 전적으로 동의한다.

선진 조직의 특성은 무엇일까? 바로 다양성이다. 다양함이 넘치는 곳, 다양함이 인정받는 곳이 선진 조직이다. 그 반대는 폐쇄성이다. "우리가 남이가?", "우리 것이 좋은 것이여!"를 외치는 조직은 원시 조직이다.

그런 면에서 한국은 아직 멀었다. 너무 획일화되어 있다. 대기업 임원들은 대부분 중년 남자들이다. 심지어 여자 속옷을 전문으로 만드는 회사, 여성 화장품을 만드는 조직에서조차 여성 임원을 찾아보기 어렵다. 아니, 어떻게 남자들끼리 모여 앉아 여성들 속옷과 화장품을 만들수 있을까? 코미디도 이런 코미디가 없다.

고스톱에서 최악의 패는 비슷비슷한 것들이 많은 것이다. 풍이 석장에 비가 석장 같은 패다. 이런 패를 갖게 되면 두 가지 선택밖에 없다. 무모하지만 흔들고 치거나, 아니면 죽는 것이다. 이성적인 사람들은 대부분 죽는다. 고도리에서 최고의 패는 '공포의 칠각패'다. 다양한

패가 높은 승률을 가져다준다. 하지만 현실에서 우리는 비슷비슷한 나이, 성별, 같은 생각을 가진 사람끼리 모여 일한다. 별 다른 성과를 기대하기 어렵다.

한국 정치가 발전하지 못하는 가장 큰 이유는 너무 순수하기 때문이다. 비슷비슷하고 고만고만한 사람이 모여 있기 때문이다. 서로가 서로를 끌어주고, 비슷한 사람에게 공천을 주어 다른 사람이 들어오는 것을 원천 봉쇄한다. 그렇기 때문에 정치를 바꾸는 최선의 방법은 다양성을 높이는 것이다. 괜찮은 정치인을 대거 수입하면 어떨까? 다양해져야 한다. 순수함은 좋지 않다.

내가 바뀌지 않으면
아무것도 바꿀 수 없다

　　　　　　　　세상은 끊임없이 변화한다. 변화하지 않
는 유일한 것이 있다면 세상 모든 것은 변화한다는 사실뿐이다. 변화
의 중요성은 아무리 강조해도 지나치지 않다.

　우리는 누구나 변화의 필요성을 실감한다. 하지만 변화하기란 쉽지
않다. 대부분 실패한다. 담배를 끊지 못하고, 다이어트에 실패하는 것
만 봐도 알 수 있다. 사실 변화는 귀찮고 짜증나는 일이다. 입으로는 변
화의 중요성을 이야기하지만 속마음은 그렇지 않다.

　변화를 위해서는 절박한 그 무엇이 있어야 한다. 뒤집어 말하면 절
박한 그 무엇이 없는 사람은 변화할 수 없다는 것이다. 당신에게 절박
한 그 무엇이 있는가? 없다면 지금처럼 주~욱 살면 된다. 물론 변화가

없으니 재미도 없고 그날이 그날 같을 것이다. 가장 나쁜 것은 말로만 하는 변화다. 내 주변에도 그런 사람들이 있다. 20년째 말로만 다이어트를 하고 있는 사람도 있다.

변화를 위해서는 세 가지를 바꿔야 한다. 첫째, 만나는 사람을 바꾸어야 한다. 당신이 자주 만나는 사람을 보면 당신이 어떤 사람인지 알수 있다. 사람은 환경의 영향을 받는다. 주변이 다 담배를 피우는데 나 혼자만 담배를 피우지 않기란 쉽지 않다. 책 읽는 사람이 되고 싶으면 책 읽는 사람들과 놀면 된다. 춤을 추고 싶으면 춤추는 사람들을 만나면 된다. 둘째, 시간을 다르게 사용하는 것이다. 남들과 똑같은 시간에 일어나 비슷한 패턴으로 살면서 변화를 꾀할 수는 없다. 남들이 잘 때일어나 뭔가를 할 수 있어야 한다. 셋째, 돈의 사용처를 바꾸어야 한다. 돈을 어디에 쓰는지를 보면 그 사람을 알 수 있다. 좋은 소리를 듣고 싶으면 밥도 사고 선물도 사고 주변에 베풀면 된다. 현명한 사람이 되고 싶으면 책을 사서 읽으면 된다. 세상의 비극은 욕망만 있고 몸이 따르지 않을 때 벌어진다. 내가 먼저 바뀌지 않으면 아무것도 바꿀 수 없는법이다.

변화는 화학반응에 비유할 수 있다. 화학반응 없이 변화는 불가능하다. 화학반응을 일으키기 위해서는 반응을 일으키는 개시제, 반응을 촉진하는 촉매, 열과 압력, 무엇보다 반응 물질을 흔들어주는 교반기(agitator)가 필요하다. 반응 속도를 조절하는 콘덴서도 필요하다.

화학반응은 대부분 격렬하고 열이 나고 혼란스럽다. 조용한 화학반응이란 있을 수 없다. 불가능하다. 혼란스럽고 시끄럽지만 단순한 혼란은 아니다. 질서를 향한 혼란이다. 그렇기 때문에 혼란이 중요하다. 그 안에 새로운 질서를 만드는 힘이 있기 때문이다. 그런데도 많은 개인과 조직이 이를 부정적으로 생각하여 화학반응이 일어날 때 찬물을 끼얹는다. 반응을 중지시키고 좋아한다. 그들은 그것을 안정이라고 부른다.

변화는 준비가 필수다. 세상 변화에 맞추어 미리미리 준비해야 한다. 미래는 늘 여러 징조를 보이면서 다가온다. 변화에 성공하려면 이런 징조들을 사전에 잘 읽고 대처해야 한다. 중국 사람들은 이를 초윤장산(礎閏張傘)이라고 한다. 주춧돌이 젖으면 우산을 펴라는 말이다. 잘나갈 때 비 오는 날에 대비해야 한다. 전쟁이 일어나기 전에 전쟁에 대비해야 한다. 그러면 전쟁은 일어나지 않는다. 건강도 그렇다. 건강할 때 지켜야 한다. 건강을 잃은 다음에 건강을 되찾으려면 100배 이상의 시간과 노력이 들어간다. 직업도 마찬가지다. 오래된 직업들이 사라지고 새로운 직업이 속속 등장하고 있다. 예전에는 자격증 하나로 평생을 먹고 살 수 있었지만, 지금은 어림도 없는 소리다.

"우리가 원하든 그렇지 않든 세상은 끊임없이 변한다. 우리가 할 일은 변화할 미래를 예상하면서 준비하고 대처하는 것이다. 변화가 두려우면 자신이 해야 할 일에 생각을 집중해야 한다. 만반의 준비를 갖춘다면 두려워하지 않게 될 것이다."

데일 카네기의 조언이다.

2

달걀이 맛있다고
닭을 꼭 만나야 할까요?

삶을 깨우치는 비유

항구에만 머문다면
배가 아니다

변화의 중요성을 많이 이야기하지만 사실 변화는 인간 본성에 배치된다. 사람은 변화하는 것보다 안주하는 것, 안정된 것을 선호한다. 민간 기업보다 월급이 적지만 공무원을 목표로 공부하는 젊은이가 예나 지금이나 많은 것이 그 증거다. 나 역시 그러했다.

나는 회사에 들어간 후 매년 보직이 바뀌었다. 연구에서 생산으로, 생산에서 생산 기술로, 생산 기술에서 품질 관리로, 임원이 되어서는 기획 담당이었다가 시험 담당으로…. 그게 참 피곤했다. 뭐 좀 할 만하면 일이 바뀌고 직원이 바뀌고 상사가 바뀌는 통에 제대로 할 수 없다고 생각했다. 전문성이 쌓이지 않는다는 불만을 갖고 있었다. 정말로

한 가지 일을 기존의 방식대로 주~욱 하고 싶었다. 나는 애타게 안정을 그렸다.

그러던 어느 날 '배는 항구에 머물고 싶어 하지만, 항구에 머물려고 만들어진 것이 아니다. 계속해서 새로운 곳을 항해해야만 한다'는 글을 읽고 생각을 고쳐먹었다. 내가 생각하는 안정이란 것이 배가 바다로 나가지 않고 편안한 항구에만 머물려고 하는 것이 아닌가 반성을 하게 되었다.

인생은 항해와 같다. 항해를 하다 보면 잔잔한 날보다는 바람이 불고 폭풍우가 치는 날이 훨씬 많다. 그렇지만 그게 싫다고 항구에만 머물려고 한다면 그건 배가 아니다. 그날 이후 나는 기쁜 마음으로 매일 바다로 나아간다.

배에 불이 났을 때
살아남으려면

　　　　　　근무하던 대기업을 떠나려 할 무렵, 구본
형 소장의 《익숙한 것과의 결별》이란 책을 접했다. 그때 나는 직장생활
에 상당한 회의를 느끼고 있었다. 회사도 별로고, 하는 일도 맘에 들지
않고, 무엇보다 몇몇 상사들 때문에 힘들었다. 보고 싶은 사람을 보지
못하는 것도 힘들지만 보고 싶지 않은 사람을 매일 봐야 하는 것도 큰
고통이란 사실을 절감하면서 다람쥐 쳇바퀴 돌 듯 회사를 다녔다. '언
제나 좀 자유롭게 살아보나' 하는 꿈을 꾸었지만, 살아생전 그런 날은
올 것 같지 않았다.

　　그러던 어느 날, 구본형 소장의 책을 읽게 되었다. 글로벌 기업에 다

닌 것도 그렇고 나와 비슷한 점이 많은 사람이 쓴 책인데, 내겐 큰 충격이었다. 특히 이 대목이 그랬다.

"내가 타고 있던 배에 불이 났다. 불이 점점 퍼져 내가 있는 갑판까지 다 태우고 있다. 이대로 있으면 타 죽을 수밖에 없다. 어떻게 할 것인가? 뛰어내려야 한다. 바다도 위험하지만 그래도 살 확률이 있다. 안전하다고 불타는 갑판에 있어봐야 조만간 타 죽을 것이 확실하다. 지금 당신 배는 어떠한가?"

딱 나를 두고 하는 말 같았다. 당시 회사는 상황이 좋지 않았다. 당장 망하지는 않을 것 같았지만 위태로웠다. 나는 구본형 소장의 말을 듣고 바다 위로 뛰어내렸다. 가는 날이 장날이라고 회사를 나오자마자 외환위기가 터져 엄청 고생했다. 하지만 나는 살아남았다.

1년쯤 지난 후 예전 회사의 후배들이 단체로 나를 찾아왔다. 회사가 점점 더 나빠지는데 어떻게 하면 좋겠느냐며 내게 조언을 구했다. 이야기를 들어보니 회사가 살아날 가능성은 희박해 보였다. 나는 그들에게 지금의 회사는 불타는 갑판이고 직원들은 거기서 의자를 정리하는 사람들이라고 이야기했다. 갑판이 불타는데 의자 정리가 무슨 의미가 있겠느냐고 조언했다. 얼마 후 그 회사는 파산했다.

재미있는 인생은
의미를 묻지 않는다

니체는 인간의 정신을 세 단계로 구분했다. 낙타의 정신, 사자의 정신, 아이의 정신이 그것이다. 낙타는 사막에서 무거운 짐을 지고도 쉽게 지치지 않고 뚜벅뚜벅 걸어가는 동물이다. 인내와 순종의 대명사다. 사회 가치와 규범을 절대적 진리로 알면서 무조건 복종하는 것이 낙타의 정신이다. 사자의 정신은 기존의 가치에 의문을 품고 저항한다. 하지만 새로운 가치를 창조하지는 못한다. 기존의 가치와 의미는 무너뜨렸지만 '왜 살아야 하는가?'라는 물음에 대한 답은 없는 상태다. 니체는 이를 '니힐리즘'이라 명명했다. 견디기 어려운 상태다. 무기력하고 우울한 나날이 이어진다. 이러한 니힐리즘을 극복하고 새로운 활력을 회복한 상태가 바로 아이의 정신이다. 아이들은 삶에 대해 심각하게 생각하지 않는다. 하루하루 인생을 놀이처럼 즐길 뿐이다.

'인생이란 무엇인가? 왜 살아야 하는가?' 같은 질문은 왜 던질까? 재미가 사라졌지만 계속 놀이를 해야 할 때 이런 질문을 던진다. 인생이 그렇다. 인생이 재미난 놀이로 여겨지는 사람은 이런 질문을 하지 않는다. 삶이란 그저 놀이를 즐기는 것일 뿐이다.

삶의 의미를 자꾸 묻는 것은 삶이 재미없기 때문이다. 삶이 무거운 짐으로 느껴지기 때문이다. 인생의 의미에 대한 물음은 그런 물음이 제기될 필요가 없을 정도로 재미있게 살아갈 때 해소될 수 있다. 의미에 대한 질문은 어떤 이론적인 답을 통해서도 해결될 수 없다. 그런 물음 자체가 일어나지 않는 상태로 삶을 변화시킬 때만 해결 가능하다.

박찬국 서울대 교수의 《초인수업》에 나오는 말이다.

나는 나무를
고를 수 있는 새인가?

회사와 직원 간에는 어떤 상관관계가 있을까? 회사에 억지로 들어간 사람은 별로 없다. 대부분 자신이 그 회사를 골라 들어간 것이다. 이는 새와 나무에 비유할 수 있다. 나무(회사)가 새(직원)를 고르긴 했어도 결국 그 나무를 선택한 것은 새다. 이 나무가 앉을 만한 나무인지 꼼꼼히 따져보고 앉은 것이다.

새에는 여러 종류가 있다. 이 나무 저 나무 따져볼 겨를도 없이 나무라는 것만 알고 바로 앉는 새가 있다. 그런가 하면 이모저모 나무를 살피고 고른 후에 앉는 새가 있다. 계속 탐색만 하다가 고르지 못하는 새도 있고, 나무에 앉을 역량조차 되지 않는 새도 있다.

나무를 고른 다음에도 선택지는 남아 있다. 이 나무 아니면 갈 곳이 없는 새도 있고, 여기저기 갈 곳이 많은 새도 있다. 자신은 가고 싶지 않은데 이 나무 저 나무로부터 끊임없이 유혹을 받는 새도 있다.

당신은 지금 어느 새에 속하는가?

Ⓒ서경호

렌터카는
세차하지 않는다

분위기를 부드럽게 만드는 아이스브레이킹(icebreaking) 게임에서 카드를 하나 받았다. 수십 장의 카드에 좋은 질문이 적혀 있는데, 그 질문에 대해 그때그때 답을 하면 된다. 돌아가면서 자기 카드를 뽑고 질문에 답을 했다.

명문대를 나왔지만 애를 키우느라 커리어를 포기하고 살림만 하는 지인이 뽑은 카드에는 '내 삶의 꿈은 무엇이고, 그 꿈을 달성하는 데 장애물은 뭐가 있는가?'라고 적혀 있었다. 지인은 당황했다. 그를 잘 아는 또 다른 지인이 "애들을 좋은 대학에 보내는 것 아니야?"라고 말했다. 그러자 옆 사람이 "애들이 대학 들어가면 그다음엔 뭐할 건데요?"라고 추가 질문을 했고, 질문이 다음 사람으로 넘어가면서 답변은 흐

지부지되었다. 지인은 자신의 꿈 같은 건 생각하지 않고 살아온 듯했다. 있었는데 사라졌는지, 아니면 처음부터 없었는지는 모르겠으나, 확실한 건 지금은 아무런 꿈이 없다는 사실이다. 꿈이 없으니 장애물이 있을 리 없다. 나는 속으로 이런 생각을 했다.

'저렇게 자식만 보고 살다가 애들이 다 크면 그때는 어떤 생각이 들까? 5년만 있으면 애들이 엄마를 별로 필요로 하지 않을 텐데, 그때 가서 후회하지는 않을까?'

렌터카는 세차하지 않는다. 자기 차가 아니기 때문이다. 그런데 자기 인생을 마치 렌터카 취급을 하는 사람들이 있다. 내 인생은 나의 것이다. 배우자도 소중하고, 자녀도 귀하지만, 내 인생만큼 귀한 것은 아니다. 내 차는 내가 닦아야 한다. 내 인생도 내가 귀하게 여기고 관리해야 한다.

달걀이 맛있다고
닭을 꼭 만나야 할까요?

대중 강연을 하는 나는 사인회 비슷한 것을 자주 한다. 그때마다 사람들이 같이 사진 찍기를 원한다. 그동안 꽤 많이 사진을 찍었다. 명함을 달라는 사람도 많고 만나자는 연락도 자주 받는다. 나는 별로 유명한 사람이 아니기 때문에 그쪽이 간절해 보이거나 시간 여유가 있을 때는 대체로 응하는 편이다. 그런데 그렇지 않은 사람들도 제법 있는 것 같다.

중국 현대문학을 대표하는 작가인 첸중수는 인터뷰를 안 하기로 유명했다. 그러던 어느 날, 큰 성공을 거둔 한 영국 여성이 그를 만나기 위해 직접 중국을 찾았다며 만나줄 것을 청했다. 그러자 그는 전화로 이렇게 말했다.

"당신이 먹은 달걀이 맛있다고 해서 꼭 달걀을 낳은 어미 닭을 만나야 할까요? 그게 무슨 의미가 있나요?"

달걀이 맛있으면 됐지 뭐 때문에 어미 닭을 보려고 하느냐, 책이 좋았으면 됐지 왜 책을 쓴 사람을 꼭 봐야 하느냐는 말이었다.

첸중수는 대중적 인기에 연연하지 않았다. 거기에 큰 가치를 두지 않았다. 그저 자신이 하는 일을 좋아했을 뿐이다.

나는 어떨까? 혹시 헛된 명예를 꿈꾸고 있는 건 아닐까?

하수는 핀에,
고수는 그린에 집중한다

대기업에 갓 입사한 젊은이가 덜컥 외제차를 뽑았다. 집안 형편이 어려워 융자를 받아 간신히 대학을 나온 주제에 그런 사치를 부린 것이다. 왜 그랬느냐는 질문에 "어차피 열심히 돈을 모아 봐야 집 한 채 사기도 힘듭니다. 차는 제게 집 이상의 가치가 있습니다"라고 답했다. 그 심정이 이해가 되기도 했지만, 신입사원의 월급으로 할부금, 보험료, 기름값, 수리비 등을 감당할 수 있을지 걱정이 되었다.

반면에 어느 탄탄한 중소기업의 오너는 중고 외제차를 사서 그 차를 10년 이상 끌고 다닌다. 이유를 물어보자 이렇게 말한다.

"외제차는 감가상각 비용이 너무 큽니다. 1억짜리를 사도 1년만 지나면 거의 반값으로 폭락합니다. 그렇기 때문에 조금 탄 중고차를 사는 것이 훨씬 유리합니다."

인간은 누구나 욕심이 있다. 호의호식하면서 좋은 차를 타고 싶어 한다. 하지만 능력에 비해 큰 욕심을 갖게 되면 그 욕심 때문에 인생이 피곤해질 가능성이 크다.

내가 사는 아파트 앞에 작은 구멍가게가 있었다. 아무 특징도 없고 친절하지도 않지만 워낙 위치가 좋았다. 주변에 경쟁자가 없어 늘 문전성시였다. 그러던 어느 날, 가게가 사라지고 4층짜리 번듯한 건물이 들어섰다. 하지만 몇 년째 세입자가 없다. 사방이 모두 유리창이라 그 건물에 아무도 살지 않는다는 것을 알 수밖에 없다.

비어 있는 건물 앞을 지날 때마다 여러 생각을 하게 된다. 건물 주인은 어떤 사람일까? 그는 왜 이런 결정을 했을까? 지금 심정은 어떨까? 예전의 구멍가게 주인은 어디서 장사를 하고 있을까? 예전만큼 잘될까? 만약 시간을 되돌릴 수 있다면 건물 주인은 어떤 결정을 할까?

모르긴 몰라도 건물 주인의 지나친 욕심으로 일이 이렇게 되었을 것이다. 돈은 돈대로 투자하고 세금도 꼬박꼬박 내지만 몇 년째 임대료 한 푼 못 받으면서 마음고생을 적잖이 했으리라. 쫓겨난 구멍가게 주인도 별 재미를 보지는 못했을 것 같다.

요즘은 고위 공직자 되기가 정말 어렵다. 내정을 받기도 어렵지만,

장관 이상을 하려면 청문회를 통과해야 하는데, 그 일이 만만치 않다. 내정이 되는 순간 모든 것이 다 까발려진다. 잔인한 프로세스다. 나는 현재의 청문회 제도를 개선해야 한다고 생각한다. 하지만 당사자를 보면서 딱하다는 생각도 하게 된다. 아무리 자리가 탐나도 왜 스스로를 돌아보지 못할까? 그걸 숨길 수 있다고 생각했을까? 아니면 자신의 행적에서 별 문제점을 발견하지 못했던 것일까? 자신의 허점은 자신이 가장 잘 아는 법이다. 그럼에도 불구하고 그 자리를 덥석 받은 것은 왜일까? 바로 욕심 때문이다. 자리에 대한 욕심에 판단력이 흐려져 내린 결정인 것이다.

'3천만 원 투자에 월 3백 보장'이란 전단지를 보았다. 요즘 같은 저금리 시대에 말도 안 되는 이야기다. 저렇게 좋은 투자라면 자기들끼리 하지 왜 저런 광고를 할까? 뭔가 이상하다. 더 이상한 건 그걸 보고 투자하는 사람이 있다는 사실이다. '한 달에 20킬로 감량, 아니면 전액 환불'이란 전단지도 비슷한 경우다. 말도 되지 않는 사기다. 더 웃기는 건 그걸 보고 가는 사람이 있다는 사실이다. 나는 사기 치는 사람도 나쁘지만, 사기를 당하는 사람도 어느 정도 책임이 있다고 생각한다.

사기당하는 사람들의 공통점은 무엇일까? 헛된 욕심을 부리는 것이다. 노력을 들이지 않고 일확천금을 노리다 사기를 당한다는 것이다. '인위재사 조위식망(人爲財死 鳥爲食亡)'이란 말이 있다. '사람은 재물 때문에 죽고, 새는 먹이 때문에 죽는다'는 뜻이다. 욕심은 가질 수 있다. 문제는 그 욕심이 지나친 것이다. 외환위기도 따지고 보면 그 원인의 핵심은 지나친 욕심이었다.

솔로몬왕이 독수리를 타고 전국을 시찰했다. 그러다 균형을 잃는 바람에 아래로 떨어질 뻔했다. 이를 본 참새 수백 마리가 날아와 솔로몬왕을 구했다. 고마운 마음에 왕은 참새들에게 원하는 것을 말하라고 했다. 의견이 모아지지 않았다. 언제라도 숨을 수 있는 포도밭, 언제든 물을 마실 수 있는 연못, 벼 이삭…. 한 참새가 솔로몬왕의 황금 왕관과 같은 것을 요구했다. 솔로몬왕은 좋은 생각이 아닌 것 같다고 말했지만, 그래도 강력하게 우기자 모든 참새에게 황금 왕관을 주기로 했다.

얼마 후 참새들은 황금 왕관을 쓰고 하늘을 날아다니게 되었다. 그러자 지금까지 참새들에게 눈길도 주지 않던 사냥꾼들이 전국에서 몰려왔다. 결국 다 죽고 다섯 마리만 남게 되었다. 참새들은 솔로몬왕에게 달려가 "저희 생각이 짧았습니다. 이제 금관은 필요 없습니다"라고 말하며 금관을 반납했고, 참새들은 평화를 되찾을 수 있었다.

지인 중 잡기에 능한 사람이 있다. 그는 당구, 포커, 골프 등 내기 게임에서 발군의 실력을 보였고, 거의 돈을 잃은 적이 없다고 했다. 그에게 비결을 물어보았다. 비결은 의외로 간단했다.

"이런 경기는 대부분 확률 게임입니다. 실수가 적은 사람이 이기지요. 그렇기 때문에 욕심을 부리는 것보다 실수를 적게 하는 것에 신경을 써야 합니다. 예를 들어 저는 골프를 칠 때 핀을 노리지 않습니다. 그저 그린 위에 올리는 데 집중합니다. 핀 앞에는 대개 해저드가 있기 때문입니다. 그런데 하수들은 핀을 노리다 해저드에 빠뜨립니다. 내기의 비결은 바로 욕심을 버리는 겁니다."

욕심은 무게중심과 같다. 탐욕스러운 사람을 보면 붕 떠 있다는 느낌을 받는다. 보는 것만으로도 아슬아슬하다. 욕심이 적을수록 무게중심은 낮아지고, 반대로 욕심이 많아지면 무게중심이 높아진다.

당신의 무게중심은 어디에 있는가?

퀜칭과 어닐링

조훈현은 어린 나이에 세고에 겐사쿠 선생의 문하생으로 들어가 그의 제자가 되었다. 그런데 뾰족이 가르치는 것은 없었다. 그와 함께 생활하는 것이 전부였다. 조훈현을 너무 방치하고 있다고 생각한 그의 부모가 스파르타식으로 훈련시켜달라고 부탁했다. 그러자 세고에 선생이 말했다.

"바둑은 예이며 도입니다. 기량은 언제 연마해도 늦지 않습니다. 큰 바둑을 담기 위해서는 먼저 큰 그릇을 만들어야 합니다. 그러기 위해서는 인격 도야가 우선이지요. 훈현이의 기재는 우칭위안과 버금갑니다. 아니 우칭위안을 능가하는 기사가 되리라고 저는 믿습니다. 저 세고에를 믿고 기다려주시길 바랍니다."

세고에 선생의 뜻은 명확하다. 인격 형성이 먼저이고 기술과 스킬은 그다음 문제라는 것이다. 그런데 인격 형성에는 시간이 걸리기 때문에 서두르면 안 된다는 것이다. 나는 그의 뜻에 전적으로 동의한다.

금속 가공에는 두 가지 방법이 있다. 하나는 **퀜칭**(quenching)이다. 우리말로 담금질이다. 온도를 올렸다가 찬물 등에 갑자기 담그는 것이다. 이렇게 하면 단단해지기는 하지만 깨지기 쉬운 물성을 갖게 된다. 또 다른 하나는 어닐링(annealing)이다. 우리말로 풀림이다. 가열한 뒤 서서히 식히는 방법이다. 어닐링을 하면 내부 균열이 없어지고 결정 입자가 작아져 전연성(展延性, 얇게 퍼지는 성질)이 높아진다. 담금질한 금속에 비해 훨씬 강한 성질을 가지면서도 쉽게 부러지지 않는다.

뭐든 중요한 것은 시간이 걸리는 법이다. 갑자기 만들어지지 않는다. 인격 형성, 좋은 습관 들이기, 다이어트 등이 그렇다. 이런 것들은 **퀜칭**보다는 어닐링에 가깝다. 갑자기 먹은 밥은 잘 체하고, 급하게 뺀 살은 다시 붙기 쉽지만, 공 들여 쌓은 탑은 오랜 세월에도 무너지지 않는다.

복부지방은
풀장 맨 위에 있는 물

당신은 벗은 몸을 보면 어떤 기분이 드는가? 현재의 몸에 만족하는가? 빨리 여름이 와서 내 벗은 몸을 사람들에게 보여주고 싶은가? 아니면 내 몸을 볼 때마다 자괴감이 드는가?

이런 질문에 많은 사람이 복부지방 이야기를 한다.

"다른 곳은 그런 대로 괜찮은데, 이놈의 똥배가 문제예요. 어떻게 이곳만 집중적으로 뺄 수는 없나요?"

그래서인지 한 달 만에 복부지방 문제를 해결할 수 있다고 선전하는 헬스장이 제법 있다.

나는 수년째 운동을 해온 덕분에 예전보다 몸이 많이 좋아졌다. 근육도 많이 붙었고 체형도 좋은 쪽으로 바뀌었다. 그런데 아직도 복부비만 문제는 해결하지 못했다. 다른 곳은 그런 대로 봐줄 만한데, 똥배는 그렇지 못하다. 하기야 나는 운동만 했지 식단에는 별로 신경을 쓰지 않았다. 근육운동 위주로 했지 유산소운동에는 소홀했다. 남보다 조금 적게 먹고 많이 걷는 것 외에 별다른 노력을 하지 않았다. 그래서 몸과 관련해서 나의 가장 큰 소망은 여전히 복부비만을 없애는 것이다. 이런 고민을 트레이너에게 털어놓자 그가 이렇게 말했다.

"복부지방은 풀장 상층부에 있는 물과 같습니다. 위에 있는 물을 빼려면 풀장 바닥에 있는 배수구를 통해 다른 물을 먼저 빼야 합니다. 다른 살이 빠진 다음 마지막으로 빠지는 게 복부지방입니다."

전체적으로 살을 빼지 않은 채 복부비만만 없애는 방법은 없다는 말이다. 모든 것에는 순서가 있는 법이다.

결혼과 투자의 공통점

세계적인 투자자 워런 버핏은 1973년 워싱턴포스트에 큰 투자를 했다. 당시 워싱턴포스트는 워터게이트 사건을 집중 보도하는 중이었다. 주주들은 그에 따른 정치적 보복이 두려워 주식을 팔기 시작했다. 워런 버핏은 그런 상황에서 투자한 것이다. 왜 이런 위험한 투자를 하느냐는 주변의 걱정에 그는 이렇게 말했다.

"이 회사의 순자산은 4억 달러를 넘습니다. 차입금은 제로이고 사주인 캐서린 그레이엄은 아주 유능하고 총명합니다. 이렇게 안전한 투자가 세상에 또 있을까요? 전 재산을 투자했다 해도 전혀 걱정할 필요가 없습니다. 리스크란 자신이 무엇을 하고 있는지 잘 모를 때 생기는 것입니다."

그의 투자 철학을 잘 보여주는 말이다. 그의 투자 철학은 단순하다. 잘 아는 곳에 투자한다. 장기적으로 투자한다. 일단 투자했으면 경영진을 믿고 일체 간섭하지 않는다. 쉬운 제안은 거절한다. 그런 건 대부분 뭔가 있기 때문이다. 그는 거래에 대한 수수료 대신 차익에 대한 수수료를 받을 것과, 내면적 평가에 집중하고 가식적인 것과 억지로 뭔가 하는 것을 버려야 한다고 이야기한다. 핵심은 일희일비하지 말고 잘 아는 분야에 장기적 관점에서 투자하라는 것이다. 사놓은 주식의 등락에 따라 울고 웃는 보통 사람들과는 완전 반대 유형이다.

워런 버핏은 투자 종목을 고르는 것을 아내를 고르는 것에 비유하기도 했다.

"아내를 고를 때는 사랑이 제일 중요합니다. 내가 원하는 배우자의 조건을 미리 정해둘 수는 있지만, 어느 날 한 여성을 사랑하게 되면 그런 조건 따위는 별로 중요하지 않습니다. 그녀가 좋아지면 그냥 결혼하면 됩니다. 어떤 회사를 좋아하지 않는데 그 회사에 투자한다는 것은 사랑하지 않으면서 결혼하는 정략결혼과 같습니다."

그가 부자가 된 이유는 명확하다. 자신만의 건강한 투자 철학이 있고 이를 쉬운 비유로 잘 표현하기 때문이다.

동굴의 비유

동굴 안에 죄수, 불(火), 행인이 있다. 죄수는 벽만 보게 되어 있다. 지나가는 행인은 직접 볼 수 없고 그의 그림자만 볼 수 있다. 행인을 볼 수 없기 때문에 그림자를 행인 자체로 인식한다. 그러다가 죄수 한 사람이 탈출에 성공하여 그동안 자신이 봤던 것이 실제가 아닌 그림자란 사실을 알게 된다. 그동안 진실이라고 생각했던 것이 진실이 아니었던 것이다.

그는 동굴 안으로 들어가 동료 죄수들에게 그 사실을 말한다. 그때 동료들은 어떤 반응을 보일까? 다들 감탄하면서 "그랬구나. 우리가 잘못 알고 있었구나"라며 격하게 공감할까? 그렇지 않다. 엉뚱한 소리를 하는, 맛이 간 사람 취급을 할 가능성이 높다. 말도 안 되는 소리라고 대놓고 구박할 것이다. 진실을 알게 된 사람이 오히려 박해를 받게 될 것이다.

그 유명한 플라톤의 '동굴의 비유'다. 인간이란 그런 존재다. 인간은 자기만의 관념에 사로잡힌 노예와 같다. 진실이 아닌 걸 진실로 믿으면서 다른 사람의 이야기를 들으려 하지 않는다.

그렇다면 인간은 언제 성장할 수 있을까? 성장은 의심에서 출발한다. 내가 알고 있는 사실이 사실이 아닐 수도 있다, 그림자를 진짜로 착각할 수도 있다는 생각이 성장의 첫걸음이다. 그래서 교육이 중요하다. 동굴 안의 사람들에게 동굴 밖의 세계를 알려주는 것이 바로 교육이다.

잔고 확인 자주 한다고
부자가 될까?

두 돌도 되지 않은 아이를 대상으로 하는 사교육이 있다는 이야기를 들은 적이 있다. 아이를 영재로 키우고 싶어 하는 부모들의 욕심과 이를 이용해 돈을 벌려는 사람들의 합작품이다. 그런데 이게 효용성이 있을까?

요즘 부모들은 아이의 조기교육, 선행학습에 관심이 높다. 높다 못해 뜨거울 정도다. 주변이 그렇다 보니 아무 생각이 없었던 엄마도 덩달아 나선다. 옆집 엄마가 아이 공부시키는 것을 보면 자신도 모르게 불안해하는 게 현실이다. 하지만 조기학습에 대한 전문가들의 이야기는 대체로 부정적이다. 서유헌 서울대 의대 교수의 말이다.

"아이의 뇌는 성인 뇌 무게의 25%에 불과하고, 한꺼번에 발달하는 것이 아니라 나이에 따라 부위별로 발달한다. 아직 회로가 엉성한 유아에게 어른에게 가르치듯 무차별적으로 조기교육을 하는 것은 문제다. 전선이 엉성하게 연결되어 있는 경우 과도한 전류를 흘려보내면 과부하 때문에 불이 나는 것처럼, 신경세포 사이의 회로가 아직 성숙하지 않은 유아가 과도한 조기교육을 받으면 뇌에 불이 일어나 과잉학습장애 증후군이나 각종 스트레스 증세가 나타난다."

《감성지수》란 책을 쓴 미국 심리학자 대니얼 골먼 역시 비슷한 이야기를 한다.

"뇌의 전두엽에 편도복합체라는 부위가 있으며, 이곳에 정서적 경험이 각인된다. 지적 능력과 관련이 깊은 대뇌피질의 회로는 아이가 성장하면서 계속 연결되지만, 정서적 경험을 저장하는 편도복합체는 태어날 때 이미 연결돼 있어 아이들이 부모로부터 받는 사랑, 사물에 대한 호기심, 사람을 좋아하는 마음 등은 뇌에 들어가는 즉시 기록된다. 따라서 영유아기에는 아이를 똑똑하게 키우기보다는 행복하고 신나게 해주어 아름다운 추억을 많이 갖도록 하는 것이 더 중요하다."

나이가 어릴수록 지적 능력보다는 감성적 능력을 키워야 한다는 말이다. 어릴 때는 스트레스 없이 충분히 기뻐할 수 있게 해야 한다.

"알묘조장(揠苗助長. 곡식을 빨리 자라게 하려고 고갱이를 뽑아 올린다는 뜻)은 농사에 가장 해롭다고 한다. 유아기에는 사랑을 배우고 다른 사람에게 폐를 끼치지 않는 것을 배우는 것이 더 시급하다. 돈 버리고 아이 버리는 일은 이제 그만두어야 한다."

교육학자인 이원영 중앙대 명예교수의 말이다.

아이들은 보고 듣고 만지고 먹고 냄새 맡는 등 감각적 경험을 많이 할 때 잘 자란다. 또 자신이 흥미를 느낄 때까지 기다려주고, 도움이 필요할 때를 알아 민감하게 반응해주는 어른이 있어야 커서도 무엇이든 열심히 한다. 어려서부터 공부만 시키고 행복한 경험을 주지 않으면 나중에 사랑하는 마음을 갖고 싶어도 못 갖게 된다. 부모의 기대와 달리 공부를 싫어하는 사람이 되거나 공부만 잘하는 공부 기계가 될 가능성이 높다. 1998년 부모를 토막 살해한 일류대생 이모 군은 지능이 높은 수재였다. 하지만 그 청년의 일기에는 어린 시절 사랑보다 공부를 강조했던 부모에 대한 원망이 가득했다.

공부를 가르친답시고 아이 옆에 앉아 대신 문제를 풀어주는 사람이 있다. 시험 때가 되면 만사를 제치고 아이 공부에 매달리는 사람도 있다. 물론 도와주는 것은 상관이 없다. 하지만 부모가 직접 나서는 것은 생각만큼 효과가 크지 않다. 공부를 시키겠다고 아이를 잡고 닦달하는 것은 통장의 잔고 확인을 자주 하는 것과 같다. 잔고 확인을 자주 한다고 해서 부자가 되는 것은 아니다. 아이를 잡는다고 아이가 공부를 잘하는 것 또한 아니다.

자동차는
달려야 자동차다

은퇴한 사람들은 대개 골퍼와 산악인으로 변신한다. 대기업 사장 출신의 지인은 일주일에 세 번 이상 골프를 친다. 주로 고향 사람, 예전 회사 동료, 학교 동창들과 친다. 주말에는 아내와 치고 여름이나 겨울에는 해외로 전지훈련을 간다. 1년의 반은 서울에서, 반은 제주도에서 지내며 골프만 치는 지인도 있다. 벌써 몇 년째 그런 생활을 하고 있다. 산악인으로 변신한 친구도 많다. 백두대간을 완주한 지인도 있고, 모든 산의 절을 돌아보는 것을 목표로 전국의 산을 돌아다니는 지인도 있다. 한국의 산은 시시하다며 해외로 눈을 돌린 친구도 있다.

모르는 사람들이 들으면 참 팔자 좋다고 생각하겠지만 실은 그렇지 못한 것 같다. 막상 만나보면 별로 행복해 보이지 않는다. 그 친구들을 보면서 자동차 공회전을 하고 있다는 생각을 하게 된다. 자동차는 길을 달려야 한다. 그게 존재의 이유다. 그런데 길은 달리지 않고 주차장에서 공회전만 하고 있는 것이다.

매일 등산하는 것은 좋다. 푸른 잔디 위를 걸으며 골프를 치는 것도 좋다. 하지만 이것 자체가 생산적인 활동은 아니다. 사회에 기여하는 것도 아니고 부가가치를 창출하는 것도 아니다. 똑똑하고 능력 있는 친구들은 그 사실을 인지하고 있다. 본인이 인지를 못한다 해도 몸은 알고 있다. 그렇기 때문에 뭔가 허전하고 아쉬운 것이다.

내가 생각하는 대안은 명확하다. 뭔가 지적인 일을 하는 것이다. 책을 읽고 글을 쓰는 것이다. 시간이 되면 자신을 필요로 하는 곳에서 자원봉사를 하는 것도 방법이다. 돈을 벌라는 것이 아니다. 그 능력을 더 이상 썩히지 말라는 것이다. 그때 비로소 얼굴에 광채가 날 것이다.

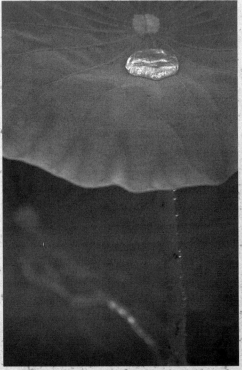

©서정호

안전한 배는
무게중심이 낮다

 인생은 바다와 같다. 우리가 산다는 건 배를 타고 먼 바다를 항해하는 것과 같다. 그래서 유난히 관련 비유가 많다. 부모 밑에서 사는 것은 배를 건조하는 단계이고, 부모를 떠나 직업을 갖고 결혼하는 것은 항구에만 머물던 배가 바다로 나가는 것에 비유한다. 살던 나라를 벗어나 멀리 해외로 나가는 것을 원양어업에 빗대기도 한다.

배나 인생이나 무게중심을 낮추어야 한다. 그래야 안정감이 커진다. 건물을 지을 때 기초공사를 하는 이유도 무게중심을 낮추기 위해서다. 배를 건조할 때도 무게중심을 낮추는 것이 중요하다. 큰 배는 아래가 불뚝하고 주둥이가 튀어나와 있다. 그것을 우리말로는 용골, 서양말로는 밸러스트킬(ballast kill)이라고 부른다. 무게중심을 낮추는 게 핵심 역할이다. 큰 배일수록 밑이 무거워야 무게중심이 낮아지고, 그래야 배의 안정성을 높일 수 있다. 세월호가 쓰러진 것도 불법 개조로 배 위에 많은 짐을 실으면서 무게중심이 높아진 것이 이유다. 사람도 그렇다. 가볍고 늘 붕 떠 있는 사람들은 무게중심이 위에 있어 언제 뒤집어질지 모른다. 그렇기 때문에 수시로 점검하면서 의도적으로 무게중심을 낮추어야 한다.

인생의 무게중심을 낮추는 방법은 첫째, 운동을 많이 해서 하반신의 힘을 기르는 것이다. 둘째, 장애물이 나타났을 때 이를 역으로 이용하여 맷집을 기르는 것이다. 그런 면에서 까다로운 상사는 좋은 스승이 될 수 있다. 셋째, 책을 많이 읽는 것이다. 작은 연못에서는 종이배처럼 가벼운 배가 효과적이지만, 인생이란 험한 바다를 건널 때는 밑바닥을 묵직하게 해야 안전하게 항해할 수 있다.

3

가장 아름다운 만남은
어떤 만남일까

관계가 좋아지는 비유

세콰이어나무는
왜 무리를 지어 살까?

 미국 요세미티국립공원에서 거대한 세콰
이어나무가 갑자기 쓰러졌다. 번개를 맞은 것도, 벌레가 먹은 것도, 해
충에 피해를 입은 것도 아니다. 1606년부터 400년 이상 그 자리에 있
었던 73미터짜리 나무가 쓰러져 죽은 것이다. 왜 그랬을까?

세콰이어나무는 무리를 지어 산다. 키가 큰 나무이지만 뿌리가 얕
아 서로가 서로의 뿌리를 감아 거대한 몸을 지탱하는 것이다. 하지만
쓰러진 세콰이어나무는 삼림 개척으로 다른 세콰이어나무들과 떨어
져 혼자 살게 되었다. 게다가 이 나무를 보기 위해 찾아온 수많은 관광
객의 발걸음이 나무의 뿌리를 상하게 했다. 그렇게 나무는 서서히 죽
어갔던 것이다.

인간도 그렇다. 혼자 잘난 척을 하고 돈만 있으면 충분히 잘살 수 있다고 교만을 떨지만, 사실 우리는 주변 사람들의 도움 없이는 단 하루도 살 수가 없다. 나처럼 의존적인 사람은 더욱 그러하다. 나는 아내 없이는 일주일도 살지 못하는 사람이다. 혼자서 할 수 있는 일이 거의 없다. 강의와 글쓰기 외에는 거의 사회 부적응자에 가깝다. 자식들도 꼭 필요하다. 나는 그들과 세쿼이어나무의 뿌리처럼 엉켜 지낸다. 친구들도 필요하고, 고객들도 필요하다. 그뿐 아니다. 경비 아저씨가 주차를 도와주어야 하고, 세차를 해주는 아주머니도 있어야 한다.

인간은 홀로 살 수 없는 존재다. 다만 이를 의식하지 못하는 것이 문제다.

사랑은 택시다

사랑은 택시와 같다. 필요하면 손을 들어 잡아야 하기 때문이다. 사랑이 나타났다고 생각하면 과감하게 그 사랑을 표현해야 한다. 오랜 세월이 흐른 후 "그때 내가 당신을 얼마나 좋아했는지 아느냐?"고 따지면 곤란하다. 그건 손도 들지 않았는데 택시가 자기 앞에 서길 기대하는 것과 같다. 사랑한다면 손을 번쩍 들어 당신의 사랑을 나타내야 한다.

사랑은 택시와 같다. 평소에는 흔하지만 정작 잡으려고 하면 나타나지 않는다. 필요 없을 때는 마구 눈에 띄는데 비가 오거나, 날이 춥거나, 출퇴근 시간에는 잡기 어렵다.

사랑은 택시와 같다. 택시를 타면 무조건 대가를 지불해야 한다. 한참을 탄 후 이 차가 아니란 생각이 들어도 그냥 내려서는 안 된다. 그럼 문제가 생긴다. 탄 만큼 대가를 지불해야 하고 오래 탈수록 많은 돈을 지불해야 한다.

사랑은 찬밥과 같다. 없으면 아쉽기 때문이다.

사랑은 수프와 같다. 처음 먹을 때는 굉장히 뜨겁지만 점점 식어가기 때문이다.

사랑은 돈과 같다. 충분한 양을 갖고 있으면 별 신경을 쓰지 않지만 일정 기간 공급이 중지되면 그것만 생각해야 하기 때문이다.

자동차 앞 유리가
백미러보다 큰 까닭은?

나이가 들면서 어머니는 부쩍 과거 이야기를 많이 한다. 내가 태어날 당시에 살았던 원통 이야기도 자주 한다. 내게는 전혀 기억조차 없는 동네다. 시집을 와서 처음으로 식량 걱정을 했던 이야기, 주변머리 없는 아버지 때문에 고생한 이야기, 내가 교련복을 입고 학교에 갈 때 자랑스러웠던 이야기, 북가좌동의 마당 있는 집으로 이사 와서 좋았던 일 등등 과거 이야기가 점점 늘어난다. 나는 이를 보면서 어머니가 이제는 많이 늙으셨구나 하는 생각을 한다.

나 역시 대전의 연구소에서 함께 근무했던 친구들을 만나면 어김없이 과거로 돌아간다. 자주 다녔던 비어킹이라는 술집과 주인 아주머니 이야기, 노트에 외상값을 적어놨는데 소장님이 대신 갚아준 이야기 등등. 주된 메뉴는 그 당시의 여직원 이야기다. 신입사원을 타깃으로 했던 도서관의 노처녀 미스 강, 화려한 외모로 우리를 흔들었던 비서실의 미스 신과 텔렉스실의 미스 함 등등. 그런 이야기를 하며 낄낄거리다 보면 시간 가는 줄 모른다. 아내는 그런 우리들을 보며 혀를 찬다. 그 나이에 그런 이야기를 하고 싶으냐는 것이다. 그래도 어쩔 수 없다. 우리끼리 만나면 그 시절로 자동 회귀하기 때문이다. 하지만 그것도 아주 잠시뿐이다.

나는 대부분의 시간을 과거보다 미래를 궁리하는 데 쓴다. 과거지향적인 사람보다는 미래지향적인 사람이 좋다. 매일 흘러간 옛 노래를 부르는 것보다는 미래의 일을 생각하면서 가슴 설레는 그런 삶이 좋다. 우리는 늘 과거, 현재, 미래를 살고 있다. 그런데 비중을 어떻게 배분하는 것이 좋을까?

자동차를 보면서 힌트를 얻었다. 자동차는 백미러보다 앞 유리가 훨씬 크다. 뒤를 보는 것보다는 앞을 보는 것이 중요하기 때문이다. 사람도 그래야 한다. 옛날이 좋았다고 옛날로 돌아갈 수는 없다. 따지고 보면 그렇게 좋지도 않았다. 지금 그렇다고 착각하고 있는 것이다. 지금 우리에게 중요한 것은 미래를 어떻게 살 것이냐 하는 문제다. 운전하고 있을 때에는 주로 앞을 봐야 한다.

요즘 사람들은
왜 추위를 더 탈까?

 요즘 사람들은 추위를 유난히 많이 타는 것 같다. 별것 아닌 추위에도 강추위가 한반도를 휩쓴다는 식으로 이야기한다. 최근에는 서울 기온이 영하 10도 이하로 떨어지는 일도 거의 없는데. 왜 이렇게 사람들이 추위에 약해졌을까?

첫째는 언론의 호들갑 때문이다. 이들의 목표는 사람들의 관심을 이끌어내는 것이다. 날씨도 그냥 춥다고 하기보다는 최강의 한파라고 해야 사람들이 관심을 가질 것이다. 둘째는 사람들이 너무 편해진 것이다. 따뜻한 것에 너무 익숙해졌기 때문이다. 그래서 보통 추위에도 벌벌 떤다. 내가 생각하는 세 번째 이유는 외롭기 때문이다. 정신적으로 고립되어 있고, 뭔가 문제가 생겼을 때 이를 상의할 사람이 없다. 그래서 마음이 춥다.

마음을 덥히는 최선의 방법은 자신이 따뜻한 사람이 되는 것이다. 훈훈한 사람이 되면 사람들은 몰려온다. 그 사람의 온기를 나누고 싶기 때문이다. 사람이 잘살기 위해서는 친밀감이 있어야 한다. 친밀감을 나눌 사람이 주위에 있어야 한다.

친밀감이란 몸의 면역세포와 같다. 친밀감은 추위를 막아주는 두꺼운 외투와 같다. 친밀감이 없다는 건 추운 겨울날 홑저고리 바람에 밖으로 나서는 것과 같다.

나는 차가운 사람인가, 따뜻한 사람인가? 나는 친밀감을 나눌 사람을 갖고 있는가?

산탄총이냐
라이플총이냐

 전철에서 두 사람이 구걸을 하고 있다. 한 사람은 승객 전체에게 도와달라고 읍소한다. 애까지 있는데 병에 걸려 먹고 살기가 힘들단다. 다른 한 사람은 한 사람 한 사람을 상대로 눈을 맞추고 자세를 낮추며 돈을 달라고 호소한다. 어느 사람이 더 효과적일까? 당연히 후자다.

강의를 하고 있는데 여기저기서 잡담하는 소리가 들린다. 당신 같으면 이럴 때 어떻게 하겠는가? 두 가지 옵션이 있다. 하나는 모두에게 "조용히 해주세요"라고 말하는 것이고, 다른 하나는 이야기하는 당사자를 가리키며 "제가 강의를 해도 되겠습니까?"라고 정중히 묻는 것이다. 어느 편이 더 효과가 있을까? 당연히 후자다.

모두에게 하는 말은 아무에게도 하는 말이 아니다. 모두에게 하는 말에서는 별다른 압박감을 느끼지 않는다. 나의 문제라고 생각하지 않기 때문이다. 그렇기 때문에 말을 할 때에는 산탄총 대신 라이플총을 쓰는 것이 바람직하다. 산탄총은 대충 쏴서 어디 한 군데만 맞히면 되는데, 비효과적이다. 꼭 해야 할 말을 꼭 들어야 할 사람에게 전달하려면 라이플총으로 한 방에 맞혀야 한다.

초혼과 재혼의 차이

결혼생활은 쉽지 않다. 혼자 살던 사람이 다른 사람과 매일 함께 잠을 자고 밥을 먹는 것은 생각보다 힘이 든다. 결혼생활이 힘든 또 다른 이유는 두 사람만의 결합이 아닌 두 가족의 결합이기 때문이다. 특히 한국처럼 가족관계가 끈끈한 나라에서는 배우자의 부모 형제가 큰 비중을 차지한다.

초혼보다 더 힘든 것이 재혼이라고 한다. 자식을 데리고 하는 재혼은 초혼보다 곱절은 힘들다고 한다. 서로 자식을 둘씩 데리고 재혼한 지인이 있다. 둘 다 사별이고 자식들도 다 대학생일 때 했으니 빠른 것은 아니다. 그럼에도 불구하고 힘든 면이 한두 가지가 아니란다. 경제적인 이슈가 있다. 따로 주머니를 차고 있을 수도 없고, 그렇다고 모든 것을 공개해서 합치기도 어렵다. 경계선을 정하고 역할 분담을 해야 하는데 만만치 않다. 무엇보다 상대가 데리고 온 자식에 대한 관여도가 문제다. 어린아이가 아닌 만큼 너무 끼어들어도 안 되고 나 몰라라 해서도 안 된다. 적절한 거리가 필수적이다. 상대 자식과 내가 데리고 온 자식 사이의 균형이 중요하다. 무언가를 해줄 때 상대가 섭섭해하면 안 되는데, 여간 신경 쓰이는 일이 아니란다.

지인은 초혼과 재혼에 대해 이렇게 비유한다.

"초혼은 중심이 하나 있는 원이고, 재혼은 중심이 2개 있는 타원입니다. 나와 내가 데리고 온 자식이 갖고 있는 중심과 그 사람과 그 사람 자식이 갖고 있는 또 다른 중심입니다. 이 2개의 중심을 인정하고 받아들이는 것이 중요합니다. 이 2개의 중심을 억지로 하나로 하려고 하면 문제가 생깁니다."

참으로 절묘한 표현이 아닐 수 없다. 2개의 축을 중심으로 돌아가는 가정이 재혼 가정이란 것이다.

아이들은 조개다

 〈그렇게 아버지가 된다〉라는 일본 영화가
있다. 병원의 실수로 아이가 바뀌었는데, 몇 년이 지난 후 알게 된 두
집 부모 사이에 일어나는 일을 잔잔하게 그린 영화다. 두 아버지 중 한
명인 유다이는 돈은 없지만 애들과 잘 놀아주는 따뜻한 성격이고, 또
다른 아버지 료타는 돈은 잘 벌지만 애들과 놀아줄 시간이 별로 없는
까칠한 아버지다. 둘의 대화를 들어보자.

유다이가 "아이들과 함께하는 시간이 중요해요"라고 말한다. 그러
자 료타는 "그건 그렇지만 회사에서 제가 아니면 안 되는 일이 많습니
다"라고 답한다. 그러자 유다이는 "아버지라는 일도 다른 사람은 못하
는 일입니다"라고 말한다.

맞다. 많은 아버지가 처자식을 위해 일한다면서 새벽에 나갔다 밤 늦게 들어오고, 주말에는 피곤하다며 텔레비전을 보든지 잠만 잔다. 지인 중 한 사람은 아이가 자신을 아저씨로 안다고 말한다. 잘 놀다가도 자신이 곁에 오면 자지러지게 운다며 씁쓸하게 웃었다.

모든 것은 다 때가 있다. 애들과 놀아주는 것도 그렇다. 애들이 아버지를 필요로 할 때 함께해야 한다. 그렇지 않으면 아버지가 애들을 필요로 할 때 애들 역시 아버지에게로 오지 않을 것이고, 아버지는 씁쓸한 노후를 맞을 수 있다.

"아이들은 조개 같아서 평소에는 껍데기를 꽉 닫고는 딱딱한 모습을 보여준다. 하지만 속은 더없이 연약하고 상처받기 쉽다. 예기치 못한 순간 껍데기를 열 때가 있는데, 그 순간 그 자리에 있어야 한다. 만약 그렇지 못하면 달에 있는 것과 같다. 아이들이 원하는 것은 시간이다. 가장 중요한 것은 아이들과 무언가를 함께하는 것이다. 아이들과 시간을 보내기 위해서는 희생을 감수해야 한다."

로버트 라이시 전 미국 재무장관이 한 말이다.

피박을 쓰더라도
고를 불러라?

 직장생활은 사람 공부를 하기에 최고의
장소다. 사람들과 몇 년 같이 생활하다 보면 그 사람이 어떤 사람인지
훤히 알 수밖에 없다. 나도 그렇고 상대도 자신의 본색이 다 드러나기
때문이다.

광 파는 걸 목표로 직장생활을 하는 사람이 있다. 광을 판다는 건 그
판에 들어오지 않는다는 것이다. 자기 손에 있는 광을 팔고 게임만 구
경한다. 아무런 리스크가 없다. 그는 절대 책임을 지지 않으려 하고 손
에 피 묻히는 일은 결코 하지 않는다. 선수가 아닌 관중으로만 머물면
서 늘 한 발을 빼고 있다는 느낌을 준다. 그가 주로 하는 일은 훈수를

두는 것이다. 천하에 도움이 안 되는 사람이다.

면피가 목표인 사람도 있다. 고스톱에서 제일 위험한 것은 피박이나 광박을 뒤집어쓰는 것이다. 그러면 따따블이 되어 그동안 벌어놓은 돈을 몽땅 잃기 때문이다. 모든 사람이 피하려 든다. 하지만 피박을 면하는 게 목표가 되어서는 곤란하다. 새로운 일을 하거나 다른 방식으로 일을 하다 보면 당연히 리스크가 따른다. 그런데 면피에만 관심 있는 사람은 리스크가 있는 일은 절대 하지 않는다. 어려운 일, 새로운 일, 깨질 개연성이 있는 일은 필사적으로 거부한다. 해오던 일만 해오던 방식대로 한다. 딱 월급 받는 만큼만, 깨지지 않을 정도로만 일한다.

3점만 나면 바로 스톱하는 사람도 있다. 고스톱의 묘미는 기회가 왔을 때 고를 불러서 큰돈을 따는 것이다. 하지만 그 사람은 3점에 만족한다. 고를 불러도 충분히 점수가 날 수 있는데도 혹시나 하는 마음에서 무조건 스톱을 외친다. 면피를 목표로 하는 사람보다는 낫지만, 이 역시 안전만을 생각하는 사람이다.

KG그룹의 곽재선 회장은 도전 정신을 강조하면서 이렇게 말한다.

"기회가 왔을 때는 피박을 쓰더라도 고를 부르세요. 그래야 회사가 발전합니다. 그러다 피박을 쓸 수도 있습니다. 그런데 그럴 때 누구 돈이 나갑니까? 바로 제 돈이 나갑니다. 제 돈 갖고 고를 부르라는데, 왜 고를 부르지 않고 3점으로 나려고 합니까?"

5분 대기조의 삶

내가 아는 한 대기업 회장은 70세가 넘었다. 비서는 대개 20대 말의 젊은 청년이다. 회장은 정말 열정적으로 일을 하면서도 지치지 않는 스타일이다. 그런데 2년에 한 번꼴로 비서가 바뀐다. 사정이 궁금해서 비서에게 물었다. 크게 하는 일 없이 늘 회장실 앞에 앉아 있는 것 같은데 무엇이 힘드냐고 했더니 그가 이렇게 말한다.

"겉으로 보기에는 한가해 보이지만 절대 그렇지 않습니다. 전 잠시도 긴장을 늦출 수 없습니다. 사실 제 삶이 없습니다. 하루 24시간 늘 회장님의 지시에 따라 움직여야 합니다. 정해진 출퇴근 시간도 없습니다. 완전 5분 대기조의 삶입니다."

나는 군에 있을 때 몇 주 동안 5분 대기조를 한 적이 있다. 5분 대기조는 말 그대로 5분 안에 출동할 수 있게끔 늘 대기하는 조직을 의미한다. 당연히 늘 출동 준비가 되어 있어야 한다. 이들은 뭔가를 제대로 할 수 없다. 일을 할 수도 없고, 휴식을 취할 수도 없고, 잠을 잘 수도 없다. 완전군장 상태로 있어야 한다. 쉬는 것도 아니고 일하는 것도 아니다. 참 피곤한 삶이다.

스마트폰이 나오면서 모든 이의 삶이 5분 대기조의 삶으로 바뀌었다. 전화가 오면 무조건 "충성!"을 외치며 받아야 한다. 지금의 내 상황이 어떤지는 전혀 고려의 대상이 아니다. 긴장의 연속이다. 그러니 삶이 고달플 수밖에 없다.

연락에도 예의가 필요하다. 나는 세 가지로 나누어 연락한다. 급하지 않은 것은 이메일로 한다. 다음으로 급한 것은 문자로 한다. 아주 급한 경우에 한해서 직접 전화를 건다.

세상에 5분 대기조의 삶을 원하는 사람은 없다. 이를 염두에 두고 상대를 배려하는 방법으로 연락할 수 있어야 한다. 하루 24시간 누구에게나 연락할 수 있다는 것은 뒤집어 말하면, 아무 때나 함부로 연락하면 안 된다는 말과 같다.

아부는 위조지폐다?

 나는 다른 사람이 나를 소개하는 시간을 불편해한다. 틀린 부분도 있지만 과장을 많이 하기 때문이다. 나를 깎아내리는 것도 별로지만 나를 부풀려 이야기하는 것도 부담스럽다. 그래서 가급적 내 소개는 내가 직접 한다. 그게 가장 정확하기 때문이다.

간혹 개인적인 자리에서 칭찬을 듣는다. 기분이 좋다. 아부라는 생각이 들기도 하지만, 그 역시 뿌리칠 수 없는 유혹이다. 나 역시 나도 모르게 아부를 하는 경우가 있다. 상대가 돈이 많거나 권력을 가진 경우에 그렇다. 은근히 그 사람의 덕을 보고 싶은 마음이 있는 것이다. 조심할 일이다.

아부와 관련한 사례 두 가지를 소개한다.

영국 국왕 조지 5세는 사냥을 무척 좋아했지만 솜씨는 신통치 않았다. 어느 날, 왕이 사냥한 꿩을 신하가 가지고 왔다. 왕은 몇 마리냐고 물었다. 신하는 열아홉 마리라고 답했다. 그러자 왕이 말했다.

"참 이상하네. 난 아홉 발밖에 쏘지 않았는데."

이처럼 알아서 기는 것이 사람이다. 독일에서 전해오는 '왕이 그린 그림'이란 일화도 그런 면모를 보여준다.

프리드리히 빌헬름 1세는 자신에게 아첨하는 사람을 놀리는 걸로 유명했다. 어느 날, 꺽다리 병사를 그리던 왕이 그림을 그리다 말고 한 신하에게 물었다.

"이 그림이 얼마에 팔릴 것 같은가?"

신하는 "100두카덴(금화)이라도 쌀 듯싶습니다"라고 답했다. 꽤 비싼 가격이다. 그러자 왕이 이렇게 말했다.

"그래? 넌 예술을 좀 아는구나. 짐이 특별히 네게 이걸 50두카덴에 주마."

결과는 어땠을까? 신하는 꼼짝 못하고 그림을 살 수밖에 없었다.

아부는 진실한 내 생각이 아닌, 상대가 듣고 싶어 하는 말을 하는 것

ⓒ서경호

이다. 그런 면에서 아부는 위조지폐와 같다. 그렇기 때문에 듣는 사람이 구별해야 한다. 만약 그것을 진짜 돈으로 생각해 다른 곳에서 사용하면 난감한 상황이 벌어진다. 높은 자리에 올라갈수록 아부로 샤워를 하는데, 이를 진실로 받아들여서는 안 된다. 앞에서 웃는 웃음을 당신을 좋아하는 표시로 착각해서도 안 된다. 위조지폐를 사용하는 사람도 나쁘지만, 위조지폐인지 모르고 그걸 사용하는 사람 역시 나쁘다. 위조지폐는 위조지폐일 뿐이다.

결혼식의 주인은 누구인가

 결혼식에서 주례가 차지하는 비중은 크다. 누가 주례를 보느냐에 따라 분위기가 많이 달라지기 때문이다. 다행히 내 딸들 결혼식의 주례는 목소리도 좋고, 내용도 멋지고, 유머도 있어 결혼식이 한층 빛났다. 하지만 반대의 경우도 많다.

한번은 어떤 목사가 주례를 봤는데, 엄숙하고 경건한 목소리로 시종일관 야단을 치는 바람에 다들 힘들어했다. 또 한번은 주례를 맡은 모 정치인이 결혼의 10계명을 거의 30분에 걸쳐 이야기하는 바람에 김이 빠졌다.

나는 왜 그런 주례가 있어야 하는지, 왜 그렇게 재미없는 내용을 모르는 사람들 앞에서 장황하게 늘어놓는지 이해가 되지 않는다. 결혼식의 주인공은 주례가 아니라 당사자와 혼주들이다. 나는 그들의 이야기가 듣고 싶다. 그들이 어떤 사람이고, 어떻게 만났는지, 앞으로 어떻게 살고 싶은지가 궁금하다. 주례에 대해서는 별로 궁금하지 않다. 그런데 결혼식에 갈 때마다 완전히 주객이 전도된 느낌이다.

무슨 일에서건 주인이 누군지, 객이 누군지를 명확하게 해야 한다. 주와 객이 바뀌면 곤란하다. 그런데 의외로 주객이 전도되는 일이 자주 일어난다. 자식 대신 엄마가 공부하는 것, 남이 운동하는 걸 보고 자신이 건강해진다고 생각하는 것, 강사보다 파워포인트가 더 돋보이는 것, 결혼 당사자는 좋다는데 부모가 반대하는 것, 자식 밥은 안 해주면서 타인을 위해 봉사하러 다니는 것 등이 그렇다.

헬리콥터 맘과
컬링 키즈

아이들의 일거수일투족을 지켜보면서 일일이 간섭하고 통제하고 나서는 엄마를 '헬리콥터 맘(helicopter mom)'이라고 한다. 헬기처럼 늘 아이를 위에서 지켜본다는 의미에서 붙여진 이름이다.

덴마크 최고의 가족 상담 전문가인 예스퍼 율은 헬리콥터 맘 밑에서 자라는 아이들을 '컬링 키즈(curling kids)'라고 부른다. 컬링은 겨울 스포츠의 하나로, 둥글고 납작한 스톤을 얼음판에서 미끄러뜨리고 선수 2명이 스톤을 따라가면서 스톤이 잘 미끄러지도록 얼음길을 닦아주는 경기다. 자식들 앞에 놓인 온갖 장애물을 미리미리 다 치워주는 부모를 풍자한 표현이다. 이런 부모 밑에서 자란 아이들은 타인에 대해 무지할 뿐 아니라 자신에 대해서도 알지 못하는 인간이 된다. 두려움도 없지만, 동정심도 없다.

자식들이 힘들까 봐 도와주는 것을 뭐라고 말하긴 어렵다. 나도 사실은 약간 그런 증상이 있다. 자식들 앞의 장애물을 미리미리 치워 그들이 조금이라고 편했으면 하는 바람을 갖고 있다. 그런데 늘 정도가 문제의 핵심이다. 너무 나 몰라라 하는 부모가 되어서도 안 되고, 그렇다고 모든 것을 다 알아서 척척 해주어서도 안 된다. 그만큼 부모 노릇 하기가 만만치 않다.

받지 않으면
내 것이 아니다

 두 사람이 구구단 문제로 논쟁을 벌였다.
한 사람은 사칠(4×7)은 27이라고 하고, 또 다른 친구는 28이라고 했
다. 27과 28은 서로 자기가 옳다며 싸웠다. 싸워도 결판이 나지 않자
둘은 원님을 찾아가 공정하게 심판해달라고 부탁했다. 이야기를 들은
원님은 27에게는 집으로 돌아가라고 말했고, 28은 묶은 후 곤장을 치
라고 명령했다. 27은 손으로 승리의 V자를 그리며 집으로 돌아갔고,
28은 곤장 10대를 맞았다. 다 맞고 난 28은 자신은 정답을 맞혔는데
왜 맞아야 하느냐며 원님에게 하소연했다. 원님은 뭐라고 했을까?
　"인간아, 저런 인간하고 싸우는 네가 더 나쁜 놈이야!"

나는 이 이야기를 듣고 한참이나 웃었다. 이 이야기에는 두 가지 교훈이 있다. 첫째는 끼리끼리 논다는 것이다. 친구를 보면 그 사람이 어떤 사람인지 알 수 있다. 또 다른 하나는 대응에 대한 교훈이다. 대응할 것이냐 말 것이냐의 이슈다. 사소한 일 하나도 지고 못 사는 사람들이 있다. 뭔가 억울한 일이 있으면 꼭 짚고 넘어가야 직성이 풀리는 사람이 있다. 즉각 대응하는 것을 똑똑한 것으로 생각하는 사람도 있다. 그런 사람에게 부처님의 이야기를 들려주고 싶다.

부처님을 엄청 비난하는 사람이 있었다. 그는 부처님 앞에서도 온갖 욕과 험담을 늘어놓았다. 그런데도 부처님은 아무런 대응을 하지 않았고 표정 변화도 없었다. 의아해진 그가 이유를 물었다. 그러자 부처님은 이렇게 답했다.

"제가 잔칫집에 갔는데 진수성찬으로 가득 찬 상을 내왔습니다. 그런데 제가 그 음식에 손도 대지 않고 가만히 있었습니다. 그럼 그 상이 누구 건가요?"

"손도 대지 않았으면 상을 준 사람 것이겠지요?"

그러자 부처님이 "당신이 제게 한 욕도 그렇습니다. 전 그 욕을 받지 않았습니다. 그럼 그 욕이 누구 걸까요?"라고 말했다. 욕의 주인은 욕한 사람이란 뜻이다.

세상을 살다 보면 별일이 다 있게 마련이다. 억울한 일도 있고, 답답한 일도 생기고, 해명하고 싶은 일도 있게 마련이다. 하지만 어떨 때는 가만히 놔두는 것이 가장 좋은 경우도 있다. 뭔가 따지고 싶을 때는 이런 질문을 던져야 한다.

'이것을 따져서 무엇을 얻을 수 있을까? 가만히 있을 때 잃는 것은 무엇일까?'

최선은 남의 말에 일희일비하지 않는 것이다. 흔들리지 않고 담담하게 사는 것, 내가 추구하는 가치 중 하나다.

이명과 코골이의 차이

퇴근했는데 아내가 "여보, 나 몸이 좋지 않아"라고 한다면 당신은 어떤 반응을 보이겠는가? 최악은 "맨날 아프다는 소리야! 도대체 자기관리를 어떻게 하는 거야?"라고 답하는 것이다. 독거노인이 되거나 황혼 이혼을 당할 가능성이 아주 높다. 다음은 "약국 가서 약 사 먹어"이다. 50점쯤 되는 답이다. 최선은 이마를 만지면서 "얼마나 아픈 거야? 내가 약 사올게. 조금만 기다려"라고 공감을 표시하는 것이다. 여기에 직접 식사까지 준비하면서 자기 몸 아픈 것처럼 아내를 대한다면 더할 나위 없을 것이다.

학교에 갓 부임한 선생님이 늦잠을 자느라 지각을 했다. 얼마나 야단을 맞을까 마음을 졸였다. 마음을 단단히 먹고 헐레벌떡 뛰어갔는데 뜻밖에 교감 선생님이 이렇게 말했다.

"그래, 아침에 일어났을 때 얼마나 놀랐어요? 나도 그런 적이 있는데 앞이 캄캄했어요."

다른 잔소리는 없었다. 선생님의 마음속에 어떤 일이 벌어졌을까? 상상에 맡긴다.

지인의 딸이 어렵게 아기를 가졌다. 그는 친구들 모임에 나가서 이 사실을 알렸다. 한 사람은 마치 자기 일인 것처럼 기뻐하며 "얼마나 좋으세요? 이제 할머니가 되겠네요. 소감이 어떠세요?" 하면서 수선을 떤다. 다른 사람은 별다른 표정 변화 없이 "그랬군요"라고 심드렁하게 말하고 만다. 마치 '남들은 안 갖는 애를 가졌느냐', '그게 무슨 벼슬이라도 한 거냐'라는 듯한 반응이다. 지인은 뜨뜻미지근한 반응을 보인 그 사람 때문에 엄청 열을 받았다. 도대체 사람이 어떻게 그럴 수가 있느냐는 것이다. 두 사람의 차이는 뭘까? 바로 공감 능력의 차이다.

공감이란 상대방의 말을 듣고 존중하는 것이다. 그가 슬퍼할 때 슬퍼하고, 기뻐할 때 기뻐하는 것이다. 남의 감정을 내 감정으로 치환하는 것이다. 입장을 바꿔 생각하는 것이다. 동정심이 아니라 교감하는 것이다.

공감 능력을 키우기 위해서는 상대방의 입장을 경험해보는 것이 제일 좋다. 검사라면 교도소 생활을 체험해보고, 의사라면 환자가 되어보고, 지하철공사 사장이라면 출근 시간에 직접 지하철을 타보는 것이다. 겪어본 사람만이 상대방의 처지를 이해할 수 있다. 그래서 일류 선수는 일류 감독 되기가 쉽지 않다. 벤치를 지키는 후보선수 생활을 해봐야 그들의 감정을 이해하고 그들의 마음을 사는 방법을 알 수 있다. 거스 히딩크가 대표적이다. 그는 현역 선수 시절 주전으로 뛰지 못했지만, 감독이 되어 명장의 반열에 올랐다. 우리나라 축구 대표팀을 이끌고 2002 월드컵 4강의 신화를 이루어냈다.

공감은 동감과는 다르다. 동감은 상대와 같은 생각을 하는 것이고, 공감은 의견은 다르지만 그 사람의 처지를 이해하는 것이다. 공감의 반대는 마비다. 느끼는 능력이 사라진 것이다. 글도 그렇다. 좋은 글은 독자와 공감할 수 있는 글이다. 공감할 수 없는 글은 죽은 글이다. 인문학자 고미숙이 쓴 글에 이런 대목이 나온다.

"연암 박지원은 공명하지 못하는 글을 이명과 코골이에 비유했다. 이명은 나는 듣지만 상대는 듣지 못한다. 코골이는 남은 듣지만 나는 듣지 못한다. 글도 그렇다. 열심히 글을 썼지만 아무도 몰라준다면 그것은 귀가 울리는 사람이 자기 입장만 생각해서 썼기 때문이다. 남들이 자기 글을 비평하는데도 이해하지 못한다면 그것 역시 무슨 소리인 줄 모르고 썼기 때문이다. 죽은 글과 살아 있는 글을 가르는 명확한 기준은 바로 공명이다. 독자와 공명하지 못하는 글은 죽은 글이다. 독자를 지루하게 만들고 에너지를 빼앗는다. 반면 독자와 공명하는 글은 여운과 감동을 준다. 좋은 글은 사람의 마음을 파고들어 그것을 움직인다."

공감은 마음의 문을 여는 열쇠다. 그런 의미에서 공감은 해감과 같다. 조개는 같은 소금물 농도에서 입을 연다. 인간이 인간인 이유는 바로 이러한 공감 능력 때문이다. 사회도 마찬가지다. 공감 능력이 있는 사회가 제대로 된 사회다. 비교종교학자 오강남의 말을 들어보자.

"우리 몸에서 어느 일부가 아프면 몸 전체가 아픔을 같이하듯이 국가에서 어느 계층이 고통을 당할 때 그 고통을 우리 모두의 고통으로 받아들였는가? 한쪽 팔에서 피가 흐르는데도 무관심한 몸이 정상적인 몸일 수 없듯, 구성원 일부가 어떤 어려움을 당해도 상관하지 않는 사회가 정상적인 사회일 수 없다. 배만 잔뜩 부르고 머리가 텅 빈 몸이 건전한 몸일 수 없듯, 경제적으로만 살찌고 문화적으로나 정신적으로는 허탈한 상태를 면하지 못하는 국가도 건전한 국가일 수 없다."

미국의 미래학자 제러미 리프킨도 비슷한 말을 했다.

"공감은 갈수록 복잡해지고 개인화되는 사회를 하나로 묶어주는 사회적 접착제다. 공감 없는 사회는 상상조차 할 수 없다."

지금 우리 시대에 가장 중요한 건 공감 능력이다.

철없는 엄마 덕분에
내가 철들었다

 주변에 감사운동을 열심히 하는 사람들이 제법 있다. 처음에는 '감사할 게 없는데 웬 감사?' 하면서 냉소적으로 보았는데, 하루에 한 번씩 감사일기를 쓰면서 자신의 삶이 바뀌었다고 한다. 엄마와 사이가 나빴던 딸이 '100 감사'를 하면서 관계가 회복되었다는 말도 들었다. 몸이 불편한 아들 때문에 힘들었던 지인 역시 아들에게 100 감사를 하면서 자신도 바뀌고 아들도 긍정적으로 변했다면서 무척 좋아했다.

한 사람이 100가지 감사 항목을 찾아내기란 쉽지 않다. 그런 면에서 감사하기는 숨은 그림 찾기와 같다. 쉽게 찾아지지 않는다. 아무 생각 없이 사는 사람은 더 그렇다. 감사할 일이 보일 리 없다. 오로지 감사하기 위해 뭔가를 열심히 찾는 사람에게만 보이는 법이다.

엄마와 사이가 나빴던 딸의 감사 항목에서 "철없는 엄마 덕분에 철이 들었다"는 내용을 보고 감탄했다. 보통은 철없고 이기적인 엄마를 보면 짜증을 내는데, 이 딸은 거꾸로 철이 없는 엄마 덕분에 자신이 일찍 철들었다고 감사하는 것이다. 이걸 보면 감사는 아무에게나 오는 것이 아니다. 세심히 살피고 감사하기 위해 노력해야만 보이는 것이다. 감사의 한자는 感謝다. '느낄 감(感)'은 '다할 함(咸)'과 '마음 심(心)'을 합한 글자다. 마음을 다해 느껴야 느낄 수 있는 것이 감사다.

세상에는 두 종류의 사람이 있다. 감사할 줄 아는 사람과 그렇지 못한 사람이다. 삶이 힘들고 고난이 닥쳐와도 감사할 줄 아는 사람은 쉽게 이겨낼 수 있다. 감사가 예방주사 역할을 하기 때문이다. 감사할 줄 아는 사람은 사소한 것에도 감동받고 기뻐한다. 반면 감사할 줄 모르는 사람은 쉽게 실망하고 좌절한다. 그들은 실망할 만반의 준비가 되어 있다. 그들에게 인생이란 늘 뻔하고, 당연하고, 짜증나는 일일 뿐이다. 세상에서 제일 대책 없는 사람은 모든 것을 당연시 여기고, 대접을 받아도 고맙다는 이야기를 못하는 사람이다. 하지만 별것 아닌 것에도 감탄하고 고마움을 잘 표현하는 사람은 누구에게나 환영을 받는다.

가장 아름다운 만남은
손수건 같은 만남

　　　　　　　　　지인 중 한 사람은 정기적인 모임의 한 참석자 때문에 몇 년째 골머리를 앓고 있다. 뭔가 주문을 해도 답을 하지 않기 때문이다. 단톡방(단체 카톡방)에 만나는 장소와 시간을 공지하면 다른 참석자들은 다 답을 하는데 그 사람은 아무런 답변이 없다는 것이다. 할 수 없이 전화를 걸거나 다른 방법으로 연락하는데, 나중에는 꼭 딴소리를 한다. 나는 그 사람과 그만 만나라고 조언했다.

　어떤 사람인지를 알기 위해서는 그가 주로 만나는 사람을 보면 된다. 나란 사람을 알기 위해서는 내 친구들을 보면 된다.
　만남이란 무엇일까?

"만남은 눈뜸이다."

법정 스님의 말씀이다. 내가 좋아하는 만남은 눈을 번쩍 뜨이게 하는 만남이다. 그런 사람들이 있다. 내게 새로운 영감을 불어넣는 사람들이다. 나는 그런 만남을 좋아한다. 반대로 만날 때마다 기운이 빠지고 기분이 나빠지는 만남도 있다. 나는 그런 면에서 정채봉의 '만남'이란 시를 좋아한다.

가장 잘못된 만남은 생선과 같은 만남이다. 만날수록 비린내가 묻어오니까.

조심해야 할 만남은 꽃송이 같은 만남이다. 피어 있을 때는 환호하다가 시들면 버리니까.

가장 비천한 만남은 건전지와 같은 만남이다. 힘이 있을 때는 간수하고 힘이 다 닳았을 때는 던져버리니까.

(중략)

가장 아름다운 만남은 손수건과 같은 만남이다. 힘이 들 때는 땀을 닦아주고 슬플 때는 눈물을 닦아주니까.

참 멋진 비유다. 나는 과연 어떤 사람일까? 나의 만남에서는 어떤 냄새가 날까? 혹시 건전지 같은 만남은 아닐까? 손수건 같은 만남을 갖고 싶다.

4

눈높이를 맞추면
짖던 개도 조용해진다

리더십이 강해지는 비유

개와 눈높이 맞추기

나는 강의를 많이 하지만 중고생을 위한 강의는 하지 않는다. 한두 번 해봤는데 늘 반응이 별로이기 때문이다. 나는 그들의 눈높이를 맞출 자신이 없다. 그 시기를 보낸 지가 워낙 오래라 그들과 공감대를 형성하기 어렵다. 반면 직장인을 위한 강의는 잘한다. 특히 직급이 높고 많이 배운 사람일수록 자신이 있다. 공통점도 많고 눈높이도 쉽게 맞출 수 있기 때문이다. 그런 면에서 밑바닥 경험이 없는 2세가 경영을 잘하기란 결코 쉬운 일이 아니다. 사원, 대리 경험이 없이 바로 전략기획 상무로 발탁된 2세가 경영을 잘한다면 그 자체로 그는 보통 사람이 아니다.

강연할 때 가장 중요한 것은 눈높이에 맞추어 공감대를 형성하는 것이다. 리더십도 그렇다. 구성원들의 관심사와 언어에 눈높이를 맞추는 것이다. 관료 출신으로 기울어가던 코리안리재보험을 살려낸 박종원 전 사장은 그런 면에서 탁월한 사람이다. 그가 한 말이다.

"리더십은 소통이다. 직원들과 밥 한 번 먹었다고 소통한 게 아니다. 정작 직원들은 밥도 안 넘어간다. 대리랑 이야기하면 대리로 내려가야 한다. 길에 버려진 개가 왜 사람을 보고 사납게 짖는 줄 아는가? 사람 눈이 자기보다 위에 있어서 그렇다. 개 눈높이만큼 앉아서 눈을 마주치고 한 시간이고 두 시간이고 기다려라. 그다음에 쓰다듬어주면 조용해진다."

눈높이의 중요성을 참으로 호소력 있게 표현했다.

죽은 돼지는
끓는 물을 두려워하지 않는다

내가 예전에 모시던 상사는 힘들 때마다 유머로 우리를 즐겁게 했다. 한번은 비상 임원회의를 다녀와서 이런 이야기를 해주었다.

"운영자금이 부족한 것이 문제다. 사용할 담보도 더 이상 남아 있지 않아 별 방법이 없다. 그래서 내가 사장님에게 임원들이 솔선수범해서 개인이 가진 담보를 내놓을 것을 제안했다. 회사가 있고 개인이 있는 것이지, 회사가 무너지면 개인도 무너진다고 설득했다. 그랬더니 다른 임원들이 나를 엄청 째려보더라."

왜 그런 위험한 제안을 했느냐고 내가 묻자 그분은 천연덕스럽게 답했다.

"이 사람아, 나는 전세 살잖아."

다들 뒤집어졌다. 심각한 상황에서도 그런 유머 덕분에 우리는 기분이 좋아졌고 이후 어떻게 이 위기를 극복할지 논의하기 시작했다.

유머는 압력밥솥의 안전밸브와 같다. 증기를 빼지 않고 계속 압력을 높이면 솥은 터지게 되어 있다. 유머는 안전밸브와 같은 역할을 한다.

"사회는 압력솥이다. 비난은 압력솥의 배출구 역할을 한다. 몇몇 사람들의 칙칙거리는 소리가 거슬린다고 배출구를 막으면 안 된다. 중국 정부는 솥이 폭발하는 것에 대한 두려움이 없는 것 같다. 죽은 돼지는 끓는 물을 두려워하지 않는다는 속담을 생각해야 한다."

중국의 인기 작가 위화의 말이다. 리더는 늘 자신이 속해 있는 조직의 압력은 어떤지, 압력이 높아질 때 이를 어떻게 줄일지를 고민해야 한다.

최선의 채용은
작살 낚시

 "인재를 확보하고 계발하는 것은 금을 캐
는 것과 같다. 금 1온스를 캐내려면 몇 톤의 흙을 파내야 한다. 흙을 파
낸다고 해서 우리에게 흙이 필요한 건 아니다. 우리는 금을 얻으려고
하는 것이다."

미국의 성공 전략가 지그 지글러가 한 말이다.

"직원 채용은 중요한 쇼핑이다. 가령 한 직원이 정년퇴직할 때까지
10억 원을 받는다고 치자. 그렇다면 회사에서 한 직원을 채용한다는
것은 당연히 10억 원짜리 물건을 사는 셈이 된다. 이것은 상당한 고가
이기 때문에 함부로 살 수 있는 것이 아니다."

소니의 전 CEO 모리타 아키오의 말이다.

경영에서는 채용이 제일 중요하다. 내가 강의할 때 늘 하는 말이다. 채용을 제대로 하면 나머지는 별로 신경 쓸 게 없다. 그가 다 알아서 잘하기 때문이다. 하지만 엉뚱한 사람을 뽑으면 그 자체로 비극의 시작이다. 그 사람이 제대로 일을 하는지 일거수일투족을 살펴야 한다. 일을 덜어주기 위해 뽑은 사람이 오히려 일을 가중시킨다.

채용에는 여러 종류가 있다. 지금도 그렇지만 삼성이나 현대차 같은 대기업은 신입사원을 수천 명씩 뽑는다. 그물을 쳐서 고기를 잡는 것에 비유할 수 있다. 밑바닥까지 훑는다는 의미에서 쌍끌이어업식 채용이다. 그물을 던져서 고기를 잡으니 어떤 고기가 잡힐지 잘 모른다. 원하는 고기도 있겠지만 의외의 어종이 잡힐 수 있고, 쓰레기 같은 것이 걸릴 수도 있다. 실패 확률이 제법 높다.

다음은 낚시를 던져놓고 입질을 기다리는 식의 채용이다. 공고를 내거나 헤드헌터를 통해 사람을 뽑는 것이 그렇다. 그 사람은 이 회사를 알지만 회사는 그 사람이 어떤 사람인지 잘 모른다. 정보의 비대칭성이 크기 때문에 이 역시 실패 가능성이 높다.

그렇다면 최선의 채용은 어떤 것일까? 작살 낚시다. 물속에 들어가 눈으로 보고 원하는 고기를 잡는 것이다. 내가 뽑으려는 사람이 어떤 사람인지를 정확히 알고 이쪽에서 먼저 다가가는 것이다. 당연히 성공 확률이 가장 높다.

채용 중에서도 제일 중요한 채용은 바로 배우자 채용이다. 남편이 잘되기 위해서는 아내의 역할이 중요하고, 아내 역시 제대로 된 남편을 만나야 꽃을 피울 수 있다.

나는 배우자의 채용에 성공한 사람이라고 생각한다. 내가 이만큼 살 수 있게 된 데는 아내의 역할이 크다. 집안의 대소사, 애들 관련 일, 관공서 관련 일 등 거의 모든 일을 아내가 해준다. 심지어 차 사고가 나도 보험회사와 이야기해 사고 처리를 할 정도다. 덕분에 나는 머리가 맑다. 내 일에만 전념할 수 있다. 만약 아내가 자기 역할을 하지 못했다면 어땠을까? 내 인생이 고달프고 지금처럼 생산적으로 일을 하지 못했으리란 것은 확실하다.

채용이 전부다.

수건과 걸레의 차이

당신 조직에는 어떤 원칙이 있는가? 그 원칙은 잘 지켜지고 있는가? 위대한 조직들의 특징은 뚜렷한 원칙이 있고 구성원 모두가 그 원칙을 잘 알고 이를 철저히 지킨다. 왜 그럴까?

위대한 조직은 원칙(principle)을 헌법처럼 생각하고 준수한다. 그래야 효율과 효과가 모두 높아진다는 걸 잘 알기 때문이다. 모든 거래와 관계에서 원칙을 지킬 때 신뢰가 높아지고 거래 비용이 줄어든다. 그래서 잘되는 조직은 대부분 융통성이 없어 보인다. 그렇지만 속도는 느리지 않다. 오히려 룰이 분명하고 그것을 잘 지키기 때문에 우왕좌왕하지 않고 속도를 낸다.

삼류 조직에도 원칙은 존재한다. 하지만 쉽게 허물어진다. 상황 논리에 의해, 높은 사람에 의해, 돈의 유혹에 의해 무너진다. 그래서 되는 일도 없고 안 되는 일도 없다는 이야기를 많이 한다. 그런 원칙은 차라리 없는 게 낫다. 괜히 사람들만 헷갈린다.

"원칙을 지키는 건 의외로 쉽다. 아무리 다급하고 바쁜 사람도 걸레로 얼굴 닦는 사람은 없다. 문제는 어쩌다 한번 수건으로 방바닥을 닦았을 때다. 수건이 걸레로 추락하면 회복하기 힘들다. 그게 내 원칙이다."

박종원 전 코리안리재보험 사장의 말이다.

야구, 축구, 테니스의 차이

   40명쯤 되는 조직을 컨설팅할 때의 일이

다. 과거 대기업에 근무했던 한 팀장이 조직에 대한 불만을 드러냈다.

"모든 것이 주먹구구식입니다. 역할 정립도 확실하지 않고, 이 일 하다가 저 일 하고, 조직도 너무 자주 바뀝니다. 전 인사 쪽 일을 하는데 총무, 안전, 보건까지 온갖 잡일을 다 합니다. 어떻게 해야 합니까?"

나는 피터 드러커의 말을 빌려 이렇게 답했다.

"조직에는 세 종류가 있습니다. 야구팀 같은 조직, 축구팀 같은 조직, 복식 테니스 같은 조직. 야구는 각자 역할이 분명합니다. 아무리 급해도 외야수가 투구를 하지는 않습니다. 축구 역시 자신의 역할이 있습니다. 하지만 급하면 공격수도 수비를 하고 필요에 따라서는 수비수가 골을 넣기도 합니다. 역할이 왔다 갔다 하는 거지요. 복식 테니스는 정해진 역할이란 게 따로 없습니다. 볼이 날아오면 쳐내면 되는 것이지요. 어떤 형태의 조직이 이상적일까요?"

잠시 생각하는 듯하던 팀장은 이렇게 답했다.

"우리 회사는 축구팀과 복식 테니스팀의 중간쯤 되는 것 같네요. 무슨 말씀을 하시는지 잘 알겠습니다."

비유의 힘이란 이런 것이다. 복잡하게 따질 것 없이 조직의 모습이 그림처럼 그려진다.

나는 혼탕이 좋다

어떤 조직이 바람직할까? 나는 음양오행이 조화를 이룬 조직이라고 생각한다. 서로 다른 성향을 가진 사람들이 적절히 섞인 조직이 좋다.

나는 수많은 기업을 다니며 강의를 해왔는데, 좋아하는 조직과 그렇지 않은 조직이 있다. 강의하기 힘든 조직은 남탕 조직이다. 남자들만 있는 조직이다. 특히 나이든 남자들만 있는 조직은 강의하기가 힘들다. 엄숙하고 경건하다. 에너지 레벨이 떨어진다. 여탕 조직은 남탕보다는 낫지만 이 역시 바람직하지 않다. 내가 가장 선호하는 건 남녀 혼탕 조직이다. 남녀노소가 잘 조화를 이룬 조직이 가장 분위기가 좋다. 음만 있거나 양만 있는 것보다는 음양이 조화를 이루는 것이 좋다.

다음은 오행이다. 오행은 사람을 화, 수, 목, 금, 토에 비유했다. 토 성향을 가진 사람은 말 그대로 흙의 성격을 가졌다. 묵직하고, 쉽게 더워지거나 차가워지지 않는다. 중심을 잘 잡는다. 금 성향은 칼 같은 성격을 가졌다. 맺고 끊는 게 분명하고 어설픈 것을 싫어한다. 나는 불의 성향이 강하다. 성격이 급하고 참을성이 없다. 몸이 뜨거워 찬물을 좋아하고 사우나를 가도 냉탕을 좋아한다.

사주를 말하면 미신이라고 생각하는 사람이 의외로 많다. 나는 동의하지 않는다. 사주는 인간의 성향을 관찰하는 MRI 혹은 CT와 같다. MRI와 CT만으로 인간이 어떤 병에 걸렸는지 모든 것을 알지는 못한다. 혹이 있다는 등 몇 가지 증상만 볼 뿐이다. 사주는 서양의 심리학자들이 개발한 MBTI(Myers-Briggs Type Indicator, 자기보고식 성격유형지표)나 DISC(Dominance 주도형, Influence 사교형, Steadiness 안정형, Conscientiousness 신중형) 검사와도 비슷하다고 볼 수 있는데, 해석의 폭이 훨씬 넓어 그 자체로 흥미가 있다. 그래서 한동안 사주팔자를 공부한다고 책을 10여 권 사다가 독학을 했지만 한계를 느껴 지금은 중단한 상태다. 나중에 좋은 스승이 있으면 한번 배워보고 싶은 욕구가 있다. 사주에 대해 조용헌 선생은 기막힌 비유를 한다.

"사주를 보는 건 깜깜한 밤에 발밑에 5촉짜리 전구를 비추는 것과

©서경호

같다. 조금은 볼 수 있다는 말이다."

오행의 핵심 중 하나는 상호 보완이다. 혼자서만 독야청청할 수 없다는 것이다. 서로가 서로를 필요로 한다는 것이다. 성숙한 사회는 음양이 조화를 이룬 사회다. 다양성을 인정하고 서로의 부족함을 다른 것이 보충해주는 사회다. 미성숙한 사회는 다름을 인정하지 않고 다른 것을 배척하는 사회다.

음양오행은 다양성의 조화를 이야기하는 최고의 비유다.

만장일치는
독이다

2008년 9월 15일, 미국의 투자은행 리먼 브러더스가 파산했다. 그때까지 그 회사는 똘똘 뭉친 팀워크의 대명사였다. 그런데 왜 몰락의 길로 접어들었을까? 원인 가운데 하나는 갈등 회피였다.

1994년 취임한 CEO 딕 펄드는 무조건적인 팀워크와 협동을 강조했다. 사내 불화를 절대 용인하지 않았다. 직원들은 싸움을 피했고, 반론을 제시하지 않았으며, 껄끄러운 문제가 공론화되는 것을 꺼렸다. 위기 신호가 와도 나 몰라라 했다. 팀워크가 오히려 독이 된 것이다. 이것이 망하는 데 확실한 역할을 했다.

건전한 갈등과 싸움은 조직 변화의 필수 요소다. 사람마다 생각이 다른 것은 당연하다. 서로 다른 생각들이 만나 더 나은 생각으로 다듬어지는 것이다. 그런 면에서 만장일치는 위험하다. 만장일치는 보트 위에 있던 사람들이 갑자기 벌떡 일어나 한쪽 편에 서는 것과 같다. 뒤집어질 가능성이 높다. 만장일치가 된다는 건 다양성을 인정하지 않거나 아무 생각 없이 다른 사람의 의견을 따르는 것을 의미한다.

GM을 최고 기업으로 만든 앨프리드 슬론 회장은 만장일치로 결정된 안건은 바로 실행하지 않았다. 회의를 다음으로 미루어 이의를 제기할 부분이 없는지 숙고해보도록 했다. 뭔가 충분히 고민하지 않았거나 2% 부족하다고 생각했기 때문이다.

트레이너와
코치의 차이

 나의 주업 중 하나는 코칭이다. 경영자들을 만나 그들의 이야기를 듣고, 같이 문제점을 고민하고, 그들이 스스로 문제를 해결할 수 있도록 돕는다.

코치와 트레이너는 어떻게 다른가? 트레이너는 기차(train)에서 유래한 말이다. 기차는 궤도만을 따라 달릴 수 있다. 트레이너는 정해진 절차에 따라 훈련을 시키는 사람이다. 코치는 마차(coach)에서 유래했다. 정해진 길보다는 자기가 가고 싶은 곳을 가게끔 하는 사람이다.

코칭은 전제 조건이 있다. 코칭의 대상자가 많은 잠재력을 갖고 있다는 것이고, 코치는 질문과 경청 등을 통해 그 사람의 잠재력을 끄집어내는 역할을 한다.《마법의 코칭》이란 책에 좋은 비유가 있다.

"한 사람이 길을 걷다 공사 중인 맨홀에 빠진다. 그 맨홀은 깊어 혼자 힘으로 올라올 수 없다. 그는 큰 소리로 도와달라고 했고 마침 옆을 지나던 행인의 도움으로 맨홀을 빠져나올 수 있었다. 다른 한 사람은 옆에 있는 사다리를 이용해 높은 곳에 올라가려 한다. 그런데 사다리가 있는 바닥이 고르지 못하다. 그는 만일의 사태에 대비해 옆 사람에게 사다리를 잡아달라고 부탁한다.

두 사람은 어떻게 다른 것일까? 코칭 관점에서 첫 번째 상황은 헬프(help)이고, 두 번째 상황은 서포트(support)다. 이 두 가지 상황은 어떻게 다른 것일까? 첫 번째 경우는 도움을 요청하는 사람이 자기 힘으로는 문제를 해결할 수 없다. 무력한 상태다. 두 번째 경우는 도움을 요청하는 사람이 자기 힘으로 어느 정도 문제를 해결할 수 있다.

그렇다면 코칭은 어떤 것일까? 두 번째 상황에 가깝다. 무력한 부하직원을 위로 끌어올려주는 헬프가 아니라 원래 유력한 부하직원을 아래에서 떠받쳐줘서 그 직원이 지닌 능력이나 가능성을 한층 더 발휘할 수 있도록 지원하는 서포트다."

그냥 듣는 것보다는 훨씬 그림이 잘 그려지지 않는가?

배를 움직이는 것은
구멍이 아니라 돛이다

 2009년 만년 하위팀 기아가 정규 리그에서 1위를 차지했다. 핵심 인물은 바로 LG에서 방출된 김상현이었다. 그는 힘도 좋고 타격도 괜찮은데 수비가 약하다는 점 때문에 프로에 와서 제대로 자신의 역량을 발휘하지 못했다. 하지만 기아에 와서는 달라졌다. 김조호 단장이 이렇게 말했기 때문이다.

"수비는 못해도 좋다. 방망이만 잘 치면 된다."

김상현은 그 말에 뭔가 궁합이 잘 맞고 자신을 알아준다는 생각이 들었다. 이후 약점이었던 변화구도 잘 치게 되었다. 결과는 3개 부문 1등이었다. 홈런 36개로 1위, 127타점으로 타점 1위, 장타율 0.628로 역시 1위였다.

강점에 집중해야 성과를 낼 수 있다. 못하는 것보다는 잘하는 것에 집중해야 재미도 있고 결과물도 나온다. 그렇다면 약점은 어떻게 하란 것인가? 놔둬도 된다는 것인가? 아니면 틈틈이 단점도 보완하란 말인가? 강점과 단점의 균형을 어떻게 맞춰야 할까?

강점은 돛을 높이 올리는 것과 같다. 그래야 배가 앞으로 빨리 갈 수 있다. 단점은 배에 난 구멍과 같다. 단기적으로는 별 문제가 되지 않지만 방치할 경우 배에 물이 차 가라앉고 만다. 약점을 보완하는 건 배의 구멍을 막는 것과 같다. 구멍을 막으면 가라앉지는 않지만 그렇다고 배가 잘 가는 건 아니다. 배가 잘 가게 하려면 돛을 높이 올려야 한다.

식물도 사람도
판을 바꾸어야 강해진다

처음에 벼농사를 지을 때는 볍씨를 논에다 직접 뿌렸다. 벼는 잘 자라지 않고 대신 온갖 잡초들이 무성했다. 경쟁에서 살아남은 벼는 얼마 되지 않았다. 생산성이 떨어졌다. 그런 벼농사의 역사에서 가장 획기적인 사건이 바로 이앙법(移秧法)이다. 모판에서 어느 정도 벼를 기른 다음 이를 논에 옮겨 심는 것이다. 너무 어린 벼는 경쟁력이 없지만 어느 정도 자란 벼는 잡초들과의 경쟁을 통해 훨씬 튼튼한 벼로 성장하게 된다. 사람도 그렇다. 계속 고향에서만 산 사람에 비해 낯선 큰 도시로 나간 사람이 성장할 가능성이 더 큰 것 같다.

조선일보 논설위원을 거쳐 정치인이 된 남재희 씨의 자서전에서 그런 힌트를 얻었다. 관련 대목이다.

"청주고 동기 중 세속적으로 출세한 사람은 세 사람이다. 김덕주 전 대법원장, 박맹호 민음사 사장, 나 남재희가 그렇다. 민음사 박맹호는 이앙론을 주장한다. 모는 한 번 옮겨 심어야 벼농사가 잘되는 것처럼 사람도 그렇다는 것이다. 김덕주는 서울의 경동고를 다니다 피난 와서 청주고를 다녔다. 박맹호 사장은 경복고를 다니다 청주고를 나왔고, 나는 청주상업을 마치고 의과대학을 가려고 청주고로 전학했다. 충북 에서는 괴산에서 인물이 많이 난다고 한다. 산이 많고 농토가 별로 없 는 곳이라 사람들이 타관으로 많이 나갔기 때문이다."

계속 한 곳에 머물면 거기에 익숙해진다. 안주하게 된다. 설렘이 사라 진다. 반대로 익숙한 데서 떠나기는 힘들다. 새로운 환경에 적응해야 하 고, 낯선 사람들 사이에 섞여야 하고, 새로운 일을 배워야 하기 때문이 다. 하지만 그것을 통해 사람은 강해진다. 그렇기 때문에 강해지기 위해 서는 주기적으로 판을 바꿔야 한다. 낯선 곳에 도전해야 한다.

나는 한 회사를 너무 오래 다니는 것을 피하라고 말한다. 한 가지 일 만 하는 것도 좋지만, 기회가 되면 새로운 일을 하라고 권하는 편이다. 그 시점은 바로 자신이 하는 일에서 설렘이 사라질 때다. 그때가 변화 할 시점이다. 익숙한 것들과 헤어질 때다.

사람도 벼처럼 가끔 모판을 바꿔야 한다.

강의는
리사이틀이 아니다

나는 1년에 200회 이상 기업 강의를 15년 이상 해왔다. 하지만 '늘 이런 식의 강의가 최선일까?' 하는 의구심을 갖고 있다. 내로라하는 강사들이 우글대고, 그들의 강의를 듣기 위해 많은 기업들이 큰 비용을 지불하지만, 그 효과에 대해서는 늘 의문이 든다. 강의의 목적은 무엇일까?

내가 생각하는 강의의 목적은 행동 변화다. 들을 때 아무리 사람들이 환호하는 재미있는 강의라고 하더라도 강의가 끝난 후 행동 변화로 이어지지 않는다면 최선의 강의는 아니란 생각이다. 반대로 들을 때는 다소 그저 그래도 행동 변화로 이어질 수밖에 없고, 시간이 지나면서 조직이 변한다면 그런 강의가 최선일 수 있다는 생각이다. 이를

164

위해서는 어떤 전제 조건이 필요할까?

가장 중요한 것은 강의를 듣는 사람들의 간절함이다. 그게 없으면 강의 내용이 제대로 전달될 수 없다. 설사 피터 드러커가 와서 강의를 한다 해도 그저 그런 이야기로 들릴 것이다. 뭔가 절실하게 해결하고 싶은 문제가 있어야 하고, 그런 것이 늘 머릿속을 떠다녀야 한다. 목표 달성이 될 수도 있고, 신제품 개발이 될 수도 있고, 기업문화를 변화시키는 어젠다가 될 수도 있고, 상사와의 갈등 해결이 될 수도 있다. 그러면 책도 찾아보고, 사람들에게 물어보기도 하고, 나름 여러 가지 시도를 하게 된다. 그러다 관련 강의를 듣는다면 효과는 만점일 것이다.

책을 살 때도 그렇다. 나는 늘 자존감과 자신감의 차이에 대해 명쾌한 정의를 내리지 못하고 있었다. 중요하다는 생각은 했지만 쾌도난마할 해법이 없었다. 그러다가 대전역의 한 서점에서 《자존감의 여섯 기둥》이란 책을 발견했다. 몇 페이지 뒤적이다가 바로 책을 사서 단숨에 읽었다. 늘 관심이 있고 알고 싶었던 주제 중 하나였기 때문이다.

세상에 공짜 점심은 없다. 배움도 그렇고 변화도 그렇다. 깨달음이란 쉽게 얻을 수 있는 것이 아니다. 아무런 노력도 하지 않았는데 어느 날 갑자기 앞이 환해지는 그런 일은 절대 일어나지 않는다. 또 좋은 강의를 많이 듣는다고 해서 행동이 바뀌는 것도 아니다. 좋은 이야기를 쫓아다니는 사람들이 있는데, 이는 가수의 리사이틀을 쫓아다니는 것과 다를 게 없다. 뭔가 배우기 위해서는 배우는 사람의 아픔과 노력이 있어야 한다. 그런데 대부분의 강연은 강의하는 사람만 고통스럽고 듣는 사람은 너무 편안하다. 그들이 하는 일이란 '저 사람이 제대로 강의를 하는가'를 관찰하는 것이다. 그러다 보니 강의를 여기저기 쫓아다녀도 행동 변화는 일어나지 않고 평론가로 남게 된다. 강의만 많이 들은 사람이 되는 것이다.

　그렇다면 효과적인 강의는 어떤 것일까? 듣는 사람이 수고해야 한다. 내가 생각하는 수고는 바로 사전 준비다. 강의를 듣기 전에 주제에 대해 깊이 생각해야 한다. '부서 간 갈등 해소'란 주제가 있다고 하자. 그렇다면 강의에 앞서 부서 간 갈등이 무엇인지, 왜 발생하는지, 이게 꼭 나쁜 것인지, 이를 방지하려면 개인이 할 일과 조직이 취해야 할 조치가 무언지를 심사숙고해보아야 한다. 그러면 자연스럽게 나름의 의견과 해법을 갖게 된다. 필요하면 관련한 공부도 해야 한다. 그런 다음에 강의를 들어야 한다. 일방적인 강의는 재미없다. 질문과 답변이 오가고 서로 다른 생각에 대한 논쟁도 있어야 한다. 그래야 불꽃이 튄다. 그런 강의에서 참다운 학습이 일어나고 지적 즐거움을 맛볼 수 있다.
　내가 생각하는 학습의 최대 장애물은 파워포인트다. 파워포인트는 필요할 때 한두 장 쓰면 충분하다. 그런데 어느 순간 모든 강의의 주인공이 교수와 학생 대신 파워포인트가 되고 말았다. 가르치는 사람도 배우는 사람도 파워포인트만 바라본다. 마치 결혼식장에서 신랑 신부가 아닌 주례가 주인공이 되는 것과 비슷하다. 정작 중요한 주인공 이야기는 거의 듣지 못하고 다른 이야기만 잔뜩 듣게 된다. 이런 강의에서는 지적 교류가 일어나기 어렵다. 그래서 요즘 미국 대학들은 파워포인트를 점차 사용하지 않는 추세라고 한다.

좋은 강의는 질문과 답변이 활발히 오가는 강의다. 그런 차원에서 최악의 강의는 강사가 질문하고 강사가 답하는 것이다. 강사의 질문에 학생이 답하지 않기 때문이다. 어떤 지적 교류도 일어나지 않는다. 최선은 학생이 질문하고 다른 학생이 답하는 것이다. 궁금한 것이 많기 때문에 질문이 많은 것이고, 그 질문에 다른 학생이 답을 하면서 강의장은 활기를 띤다. 강사의 역할은 학습 분위기에 불을 붙이고 필요에 따라 정리정돈을 해주는 것이다. 이게 최선이다.

미국의 육군사관학교 웨스트포인트의 테이모어 교육은 이런 점을 염두에 두고 만들어졌다. 처음 만든 교장의 이름을 딴 이 교육 방식은 사전에 읽을 과제가 엄청나다. 미리 고민을 해오라는 것이다. 학생이 공부해서 학생을 가르치고, 서로 문제를 내고 학생끼리 푸는 것이다.

나도 시험 삼아 이런 방식을 종종 사용하곤 한다. 사전 고민까지는 못하더라도 사람들을 둥글게 앉게 하고 관련 주제에 대해 질문하고 그들 스스로 답변하게 한다. 필요에 따라 내가 답변하기도 한다. 몇 번

해봤는데, 반응이 꽤 괜찮다. 무엇보다 그들의 실제 생각과 고민을 알 수 있기 때문에 실질적인 강의가 이루어진다. 오고 가는 대화 속에서 강의가 살아 있다는 느낌을 받는다.

내가 생각하는 효과적인 강의의 키워드는 두 가지다. 하나는 'No pain, no gain(고통 없이는 아무것도 얻을 수 없다)'이고, 또 다른 하나는 학생들의 적극적인 참여다. 교수보다 학생들이 더 고민하게 하는 것, 그들로 하여금 자발적으로 참여하게 하는 것이다.

당신의 생각은 어떤가?

여기 자신이 누군지
모르는 사람이 있습니다

 강의 중에 일어난 일이다. 바지 지퍼가 열린 줄 모르고 열심히 강의를 하는 교수님을 보고 한 학생이 킥킥대며 웃는다. 옆 학생이 이유를 묻자 교수님의 지퍼가 열렸다고 알려준다. 그 학생 역시 따라 웃는다. 분위기가 이상하다고 생각한 교수가 "조용히 하세요"라며 학생들에게 주의를 준다. 그래도 학생들이 계속 웃자 교수가 "계속해서 웃는 사람도 나쁘지만 계속해서 웃기는 놈이 더 나빠요"라고 말한다. 그 말에 다들 뒤집어졌다.

또 다른 사례다.

공항에서 일어난 일이다. 항공사가 오버부킹을 하는 바람에 몇몇 사람이 비행기를 타지 못하는 사태가 발생했다. 항공사는 미안하다며

100달러를 줄 테니 한 시간 후 비행기를 타라고 안내방송을 했다. 그 때 한 신사가 나타나 따지기 시작했고 점점 언성이 높아졌다. 급기야 직원에게 삿대질을 하면서 "넌 내가 누군지 알아?"라며 소리를 질렀다. 여러분 같으면 이 사태를 어떻게 해결할 것인가? 직원은 침착하게 마이크를 잡고 안내방송을 시작했다.

"여러분, 여기 자신이 누군지 모르는 사람이 있습니다. 혹시 이분이 어떤 분인지 아시는 분이 있으면 카운터로 나와주시기 바랍니다."

세상에서 가장 어려운 일 중 하나는 자신의 모습을 객관적으로 보는 일이다. 그것이 어려운 이유는 실제의 자신을 본다는 것이 거의 불가능에 가깝기 때문이다. 거울 속의 나도 실제의 나와는 거리가 있다. 왼쪽과 오른쪽이 바뀌어 있고, 거울을 보는 순간 이미 자신을 꾸미기 때문이다. 목소리도 그렇다. 녹음을 해서 듣는 자신의 목소리가 늘 낯선 것도 그 때문이다.

제자가 되기를 청하는 젊은이에게 현자가 퀴즈를 냈다. 이 퀴즈를 풀면 받아주겠다는 것이다.

"굴뚝을 빠져나온 두 젊은이가 있다. 한 사람은 깨끗하고 한 사람은 더럽다. 둘 중 누가 먼저 자신의 얼굴을 씻을 것 같은가?"

젊은이는 더러운 사람이라고 대답한다. 정답이 아니다. 더러운 사람은 친구가 깨끗한 것을 보고 자신도 깨끗한 것으로 착각해 천천히 씻는다는 것이다. 젊은이는 다시 한 번 기회를 달라고 부탁한다. 현자가 똑같은 질문을 하자 이번에는 깨끗한 사람이라고 답한다. 현자는 이 역시 틀렸다고 말한다. 그의 이야기다.

"나는 너를 제자로 받아들이지 않겠다. 너는 기본이 되어 있지 않다. 어떻게 같은 굴뚝에서 나왔는데 한 사람은 깨끗하고 한 사람은 더럽겠는가?"

한마디로 질문 자체에 문제가 있다는 것이다.

자기인지 능력이란 것이 있다. 자신의 객관적인 모습을 인지할 수 있는 능력을 말한다. 이런 사람이 진정한 리더십을 발휘한다. 반대로 자기인지 능력이 떨어지는 사람이 있다. 뭔가 장황하게 직원들에게 설교하는데, 직원들 표정이 좋지 않다. 말이 제대로 먹히지 않는 것이다. 그럼에도 불구하고 계속 설교를 늘어놓는 상사는 리더십과 거리가 먼 사람이다. 자기인지 능력이 떨어지니 상대의 마음도 읽지 못하고, 그런 자신에게 브레이크도 밟지 못하는 것이다.

리더십의 출발점은 주제 파악이다. 객관적으로 자기 능력, 남들 눈에 비친 자기 모습을 보는 능력이다. 이것의 반대는 자기도취, 공주병과 왕자병이다.

당신은 어떤가?

5

까마귀는 바람 부는 날 집을 짓는다

비즈니스를 살리는 비유

나는 돈이 많아. 나랑 결혼해줘

파티에서 끝내주는 여자를 본다. 그녀에게 다가가 "나는 돈이 많아요. 나랑 결혼해주세요!"라고 말한다. 직접 마케팅이다.

친구들과 함께 파티에서 괜찮은 여자를 본다. 친구들 중 하나가 그녀에게 가서 당신을 가리키며 "저 사람 돈이 많아요. 그와 결혼하세요"라고 말한다. 이게 광고다.

모임에서 멋진 여자를 보고 접근해서 전화번호를 딴다. 다음 날 전화해서 "나는 돈이 많아요. 나랑 결혼해주세요"라고 말한다. 텔레마케팅이다.

파티에서 섹시한 여자를 본다. 옷매무새를 가다듬고 그녀에게 가서 음료를 따라주고, 문을 열어주고, 가방을 들어주며 말한다. "나는 돈이 많은데 나랑 결혼해줄래요?"라고 말한다. PR이다.

파티에서 치명적인 매력을 가진 여자를 본다. 가만히 있는데 그녀가 다가와 "굉장한 부자라면서요?"라고 말한다. 이것이 브랜드 인지도다.

파티에서 정말 놓치기 아까운 여자를 본다. 감정을 억제하지 못한 당신이 그녀에게 다가가 "나는 부잔데 나랑 결혼해줄래요?"라고 말하는 순간 눈에서 불이 번쩍 난다. 그녀가 따귀를 때린 것이다. 고객의 피드백이다.

파티에서 정말 예쁜 여자를 본다. 그녀에게 접근해 "나는 돈이 많은데 나랑 결혼해주세요!"라고 말한다. 그런데 갖고 있는 건 로또 한 장뿐이다. 스톡옵션이다.

파티에서 환상적인 미모의 여자를 본다. 그녀에게 다가가 "나는 돈이 많아요. 나랑 결혼해주세요!"라고 말한다. 하지만 가지고 있는 건 신용카드와 빚뿐이다. 바로 분식회계다.

인터넷에서 본 내용을 다듬은 것인데, 적절한 비유로 경영을 쉽게 이해할 수 있게 해준다. 비유를 들어 설명하면 경영 공부도 그리 어렵지 않다.

물이냐 토마토냐

　경기가 나빠지면 으레 원가 절감에 관심을 갖게 되는데, 이때 흔히 품질 희생을 생각한다. 싼 재료를 쓴다든지, 고객 몰래 양을 줄인다든지, 두 사람이 할 일을 한 사람이 한다든지 등등의 대응으로 품질에 악영향을 미치는 활동을 벌인다. 하지만 늘 그런 것은 아니다.

　1970년대 〈뉴욕타임스〉는 경영 위기를 맞았다. 구조조정을 통해 운영비를 절약할 것인지, 아니면 새롭고 질 높은 기사로 독자층을 넓힐 것인지를 놓고 갈림길에 서 있었다. 여러분 같으면 어떤 길을 택하겠는가? 직원들에게 어떻게 말하겠는가?

당시 편집국장인 에이브러햄 로젠탈은 모든 직원을 모아놓고 그 유명한 수프 연설을 한다.

"우리는 수프를 만들고 있습니다. 그런데 장사가 잘되질 않습니다. 우리에게는 두 가지 선택이 있습니다. 하나는 우리가 만들고 있는 수프에 물을 더 많이 넣는 것입니다. 비용은 줄겠지만 기사의 품질이 떨어지겠지요. 또 하나는 토마토를 더 많이 넣는 겁니다. 여러분 생각은 어떻습니까? 저는 토마토를 더 넣는 편을 선택하겠습니다."

그는 짧은 비유 하나로 자신의 메시지를 강력하게 전달했고, 이후 〈뉴욕타임스〉는 회생한다.

에베레스트산이
높은 까닭은?

 반도체는 엄청 복잡한 공정을 거쳐 만들어진다. 수천 가지 공정이 있는데, 그중에서 한 가지 공정만 잘못되어도 불량이 난다고 한다. 일어날 확률이 낮은 불량도 자칫하다가는 치명적인 문제로 확대될 수 있기 때문에 양심적으로 모든 문제를 오픈해야만 경쟁력을 유지할 수 있단다. 그래서 삼성 이건희 회장은 반도체를 양심업으로 정의했다. 잘 내려진 정의다.

한국은 반도체에서 세계 최강이다. 그런데 삼성전자 혼자만의 힘으로 그리 된 것이 아니다. 관련 회사들의 경쟁력이 뒷받침되었기 때문에 가능한 일이다.

에베레스트산이 왜 높은지 아는가? 히말라야산맥 안에 있기 때문이다. 평지돌출이란 없다. 반도체산업이 발전하기 위해서는 관련 산업이 골고루 발전해야 한다. 과학 분야에서 노벨상 수상자가 나오려면 전반적인 과학 수준이 높아야 하고, 좋은 대통령이 나오려면 국민의 수준이 따라가야 한다. 지금의 상태가 바로 우리의 수준이다.

신문은 생선회,
월간지는 통조림

저녁나절 야채와 만두를 사러 마트에 갔다. 그런데 왕창 세일 중이다. 거의 반값에 물건을 팔고 있었다. 오늘 팔지 못하면 다 버려야 하기 때문이란다. 참 어려운 장사란 생각이 들었다.

겉으로는 남고 뒤로 밑지는 장사가 있다. 바로 일식집이다. 유통 기간이 짧기 때문이다. 생선은 그날그날 팔지 못하면 다 버려야 한다. 정확한 예측이 필수적이다. 가전제품을 팔다가 컴퓨터를 팔고 마지막으로 핸드폰을 팔게 된 임원에게 소회를 물었다. 그는 이렇게 답했다.

"가전제품은 건어물 장사와 같습니다. 유통 기간이 제법 깁니다. 컴

퓨터는 냉동식품을 파는 것과 같습니다. 건어물보다는 짧지만 핸드폰보다는 깁니다. 핸드폰은 앞의 두 상품에 비해 아주 짧습니다. 마치 일식집 같습니다."

상품별로 유통 기간이 차이가 나는 걸 참 실감나게 비유했다. 비슷한 개념을 신문에도 적용할 수 있다. 신문은 생선회와 같다. 싱싱하기 때문이다. 하지만 하루만 지나도 신문은 신문지로 전락한다. 주간지나 월간지는 통조림, 단행본은 포에 비유할 수 있다. 그렇다면 레미콘업은 어떨까? 레미콘업은 짜장면 사업 같다. 불으면 먹지 못하기 때문이다. 불기 전에 배달해야 한다.

유통 기간으로 본 당신의 업은 어떤가?

식량이 떨어져도
종자는 먹지 마라

 씨름에 들배지기란 기술이 있다. 들어올
리면서 상대의 무릎을 차내어 넘기거나, 들고 돌면서 상대의 무릎을
차내 넘기는 방법이다. 한마디로 상대를 들어 제압하는 기술이다. 이
기술이 씨름에서는 제일 중요하다. 일단 상대를 들 수 있어야 하고, 그
러려면 힘이 있어야 한다. 이게 안 되면 기술이 뛰어나도 소용이 없다.
이게 기본기란 것이다.

사업도 그렇다. 어떤 사업이든 본질이 가장 중요하다. 음식은 일단
맛있어야 한다. 먹는 순간 눈이 번쩍 뜨이게 만들어야 한다. '세상에 어
떻게 이렇게 맛있는 음식이 있을까' 하는 감탄사가 나오게 해야 한다.
그런데 먹는 순간 '이것도 음식이라고 만들었나? 본인도 먹기 힘든 음

식으로 어떻게 버젓이 간판을 내걸고 장사를 할 수 있지?'라며 실망을 금치 못하게 하는 식당이 지천이다. 식당 주인의 용기에 감탄할 따름이다.

제조업의 본질 중 하나는 연구개발이다. 계속해서 신제품을 만들어 낼 수 있어야 한다. 기존 제품을 업그레이드하고 혁신적인 제품으로 고객을 만족시킬 수 있어야 한다. 영업이나 마케팅은 그다음 이슈다. 최고의 마케팅은 마케팅이 필요 없는 물건을 만드는 것이다. 그런 면에서 기술 투자는 미래를 대비하는 씨앗이다. 아무리 배가 고파도 볍씨로 밥을 해먹을 수는 없다. 그런데 적자가 나면 연구개발비부터 깎으려는 기업들이 있다. 이는 식량이 떨어졌다고 내년 농사를 위한 종자를 먹는 것과 같다. 그런 기업엔 미래가 없다.

까마귀는 바람 부는 날
집을 짓는다

"까마귀는 바람 부는 날 집을 짓는다."

아모레퍼시픽에 갔을 때 본 글귀다. 알고 지내는 임원에게 이게 무슨 뜻이냐고 물어봤다. 그랬더니 회장님이 자주 하시는 말씀이란다. 좀 더 자세히 물어보자 이렇게 설명한다.

"까마귀는 나뭇가지를 물고와 집을 짓는데, 바람이 없는 날 집을 지으면 바람이 셀 때 무너집니다. 오히려 바람이 센 날 집을 지으면 무너질 일이 없습니다. 요즘 우리 회사가 잘나갑니다. 중국에서의 매출도 엄청나고 주가도 괜찮습니다. 그런데 회장님은 걱정이 많으십니다. 잘나가다 한 방에 훅 갈 수 있다고, 위기의식을 가져야 한다고 하십니다. 그래서 임원들에게 지금 회사가 잘되는 게 실력 때문인지, 아니면 다

른 요소 때문인지 물으십니다. 회장님은 후자로 생각하시는 것 같습니다. 지금 우리가 잘나가는 건 실력 때문이 아니고 한류 바람 같은 다른 요소 때문이란 것이지요."

까마귀집 이야기를 들으면서 옛날 생각이 났다. 예전에 나는 경영진으로부터 위기의식에 대한 이야기를 수도 없이 들었다. "초경쟁 시대에 살아남기 위해서는 뼈를 깎고 허리띠를 졸라매야 한다"는 것이다. 하도 많이 들어서 식상할 정도였다. 하지만 잘나갈 때일수록 자기 반성 능력이 꼭 필요하다. 지금 잘나간다면 이유가 무엇인지, 내 실력인지 다른 외부적 요인인지를 구분해야 한다. 밀물 때는 죽은 고기도 떠오르기 때문이다.

지금의 물이 빠져나가도 살아남을 수 있을까? 물이 가득 차 있을 때는 안을 볼 수가 없다. 물이 빠지면 누가 수영 팬티 없이 수영을 했는지 알 수 있는 법이다.

6인조 배구가
9인조 배구를 이기는 까닭은?

 공공기관에 있다가 민간기업으로 자리를 옮긴 사람, 반대로 민간기업에서 공공기관으로 이동한 사람들이 공통적으로 하는 이야기가 있다. 민간기업은 일은 많은데 사람이 부족하고, 반대로 공공기관은 일에 비해 사람이 너무 많다는 것이다. 그렇다면 한 가지 일을 하는 데 적합한 사람의 숫자는 어느 정도여야 할까를 묻게 된다. 그럴 때는 역으로 '내 개인 돈으로 그 일을 한다면 몇 명이 필요할까?' 혹은 '그 일을 민간기업에 넘기고 남는 돈은 전부 가지라고 한다면 과연 몇 명의 인원으로 그 일을 할까?' 하는 질문을 던지면 된다. 아니면 도배일 하는 사람을 보면 된다.

정부가 국민을 위해 도배사업부를 신설했다고 가정해보자. 몇 명의 사람이 필요할까? 풀을 쑤는 사람, 쑨 풀을 도배지에 바르는 사람, 이를 벽이나 천장에 붙이는 사람, 빗자루로 도배지를 골고루 문지르는 사람, 각종 장비를 챙기는 사람 등등 적어도 서너 명이 필요하다고 할 것이다. 그러면 실제로 도배는 몇 명이 할까? 혼자서 거의 모든 일을 다 한다.

보통은 사람이 많으면 많을수록 좋다고 생각한다. 절대 그렇지 않다. 배구가 대표적이다. 예전에는 9인조 배구를 했는데, 요즘엔 모두 6인조 배구만 한다. 왜 그럴까? 9인조 배구가 6인조 배구에 비해 비효율적이기 때문이다. 실제 경기를 했는데 9인조 배구가 졌다. 선수가 너무 많아 서로에게 방해가 되었기 때문이다.

망하는 조직들은 대체로 회의가 많다.

"회의가 많다는 것은 그 자체로 인력이 너무 많다는 것을 의미한다. 그래서 일 자체보다 상호 협의하고 업무 조정하는 시간을 사용한다는 증거다."

경영학의 아버지 피터 드러커의 말이다.

콩깍지를 태워
콩을 삶는구나

대기업 도장공장에서 일할 때 노조는 참 거칠었다. 분규가 벌어지면 노조는 그때마다 도장공장 안에 있는 용제 탱크를 노렸다. 그것을 점령하고는 불을 질러버리겠다고 회사를 위협하는 것이다. 물론 그런 일이 일어나지는 않았지만, 나는 그런 행위를 도저히 납득할 수 없었다. 자기가 일하는 회사, 자기에게 월급을 주는 회사를 불질러 무엇을 얻겠다는 것인지 이해할 수 없었다. 결국 그 회사는 파산했고, 그 난리를 치던 노조원들도 회사에서 해고되었다.

노조와 회사 사이에는 갈등이 있을 수밖에 없다. 하지만 갈등 해소에도 가이드라인이 필요하다. 적어도 자신이 몸담고 있는 회사를 망가

뜨리는 일은 없어야 한다. 그런 면에서 소훼난파(巢毀卵破)라는 사자성어를 추천한다. 새집이 훼손되면 알들도 성치 못하다는 뜻이다. 회사가 망가지면 노도 사도 없다는 것으로 해석할 수 있다.

가족 간에도 그러하다. 경제적인 문제 등으로 형제간에 등지는 경우가 제법 있다. 소송까지 벌이고 거의 원수지간이 된 집안도 있다. 나는 이런 일을 볼 때마다 조조의 아들들이 떠오른다.

조조의 아들 조비는 동생 조식이 맘에 들지 않아 틈만 나면 그를 괴롭혔다. 한번은 그에게 "내가 일곱 발자국을 걷는 사이 시를 한 수 짓지 못하면 중벌로 다스리겠다"고 하면서 시 짓기를 명했다. 이 명령에 따라 조식이 지은 시가 그 유명한 '자두연두기(煮豆燃豆萁)'다. '콩을 삶는데 콩깍지를 태운다'는 말이다. 내용은 이러하다.

煮豆燃豆萁(자두연두기) 콩깍지를 태워 콩을 삶으니

豆在釜中泣(두재부중읍) 콩이 솥 안에서 우네

本是同根生(본시동근생) 본래 같은 뿌리에서 나왔거늘

相煎何太急(상전하태급) 서로 들볶는 것이 어찌 그리 심한가

형제란 콩과 콩깍지 같은 사이인데, 왜 그렇게 들들 볶아대느냐는 것이다. 비단 형제간에만 그러는 게 아니다. 부부간에도, 부자간에도 그런 일이 벌어진다.

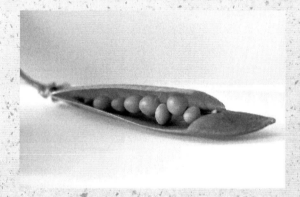

며칠 전 부모가 자식과의 연을 끊게 해달라고 법원에 소송을 냈다는 기사를 보았다. 부모가 반대하는 결혼을 한 아들이 미워 아들이 근무하는 대학에서 난동을 부리고, 죽으라는 문자를 보내고, 그래도 화가 풀리지 않자 연을 끊어달라고 법원에 제소했다는 것이다. 속내용이야 알 수 없지만, 그런 일이 바로 콩깍지를 태우는 일이다. 부모도 죽고, 자식도 죽이는 일이다.

우리는 따로따로 존재하는 것 같지만 그렇지 않다. 다 연결되어 있고 같은 생태계에서 살아간다. 저 인간을 죽이면 내가 좋을 것 같지만 사실은 반대다. 저 인간이 사라지는 순간 나도 피해를 입을 수밖에 없다. 우리는 같은 콩깍지 안에 사는 콩이다.

장기이식과 기업합병

 주변에 장기를 이식한 사람이 몇 명 있다. 한 분과 식사를 하면서 컨디션은 어떤지 물어봤다. 그랬더니 이렇게 답했다.

"시간이 지나 많이 좋아졌습니다. 그런데 회 같은 날음식을 먹을 수 없어 불편합니다. 이식한 장기의 거부반응을 없애기 위해 면역억제제를 먹기 때문에 면역력이 떨어져서 별거 아닌 바이러스에도 취약하거든요. 늘 먹는 것에 신경을 써야 하는 것이 힘듭니다."

요즘 기업 간 인수합병이 활발해지고 있다. 태생이 다른 두 집단이 한 집단으로 된다는 것은 생각처럼 쉽지 않다. 기업 간 합병은 장기이식과 같다. 서로가 서로에 대해 거부반응을 보이기 때문에 이를 조심해야 한다. 면역력이 약해 별거 아닌 일에도 예민하게 반응한다. 물리적 결합을 넘어 화학적 결합까지 되어야 비로소 한몸이 된 것이다. 이를 위해 합병 후 통합 활동(PMI, Post-Merger Integration)에 세심한 주의를 기울인다. 자산과 인력, 과업, 시스템 등을 조화롭게 재정립하여 시너지를 발휘할 수 있게 하려는 것이다.

2014년 SK텔레콤이 아이리버를 전격 인수했다. 이후 거의 망하다시피 한 아이리버가 완전 살아났다. 어떻게 된 일일까?

SK텔레콤의 임원을 만나 물어보았다. 대답은 명확했다. 아이리버의 장점을 살렸다는 것이다. 고급화와 차별화라는 전략만 제시하고 나머지는 아이리버에 일임했다. 사장을 비롯한 직원들 대부분을 그대로 두고 지원하는 역할에 충실했다. 그것이 전부였다. 뛰어난 전문성에다 강한 자부심을 가진 아이리버 사람들을 '건드리는' 일은 하지 않았다. SK텔레콤에서 5명을 투입했지만 사장 직속으로 둔 이유도 그래서였다. 시너지는 이렇게 발휘되는 것이다.

'살아서 천년, 죽어서 천년'
주목의 비밀

될성부른 나무는 떡잎부터 알아본다.

사람을 키우는 일은 나무를 키우는 것과 같다.

나무는 옮기면 죽고, 사람은 옮겨야 산다.

굽은 나무가 선산을 지킨다.

가지 많은 나무에 바람 잘 날 없다.

나무와 관련한 속담들이다. 이처럼 사람과 나무를 비유하는 일은
오랜 역사를 갖고 있다. 우리가 잘 쓰는 적재적소(適材適所)란 말도 나
무에서 유래했다. 좋고 나쁜 나무가 따로 있는 것이 아니라 그때그때
상황에 맞는 나무가 있다는 뜻이다. 예를 들어 아까시나무는 황폐한

땅에서 자라는 데는 최고이고 사방조림용으로도 유용하다. 무분별한 남벌로 벌거숭이가 되었던 산을 푸르게 하고 홍수를 방지하는 데 나름 역할을 했다. 문제는 제거가 힘들다는 것이다. 뿌리까지 제거하기 전에는 없애기가 어렵다. 일제강점기에 일본이 우리나라를 망하게 하려고 심었다는 불명예스러운 이야기까지 들었다. 아까시나무 입장에선 속이 터질 노릇일 수 있다.

적재적소의 또 다른 뜻은 어떤 나무를 어디에 사용하느냐이다. 느티나무는 장수하는 나무로 마을의 정자나무로 많이 심어졌고, 아름다운 무늬와 색감을 갖고 있어 악기의 재료나 고궁, 사찰 등의 건축재로 많이 쓰인다. 오동나무는 방충 효과가 좋고 좀이 슬지 않아서 옷장을 만드는 데 쓰인다. 물가에서 자라는 수양버들은 습기에 강해 부엌에서 쓰는 도마에 적합하다. 미국 미네소타가 고향인 리기다소나무는 재질도 나쁘고 장수하지 못하지만, 척박한 땅에서는 생존력이 강하다.

뉴질랜드 정부는 전 세계의 나무들을 모아 30년간 키우면서 자기 나라에 가장 잘 맞는 나무를 골랐는데, 그게 지금 뉴질랜드 나무의 60%를 차지하는 라디아타 소나무다. 그런데 이 나무의 원산지는 캘리포니아로, 정작 그곳에서는 별 대접을 받지 못했다. 같은 품종이지만 어디에서 자라느냐에 따라 평가와 대접이 달라지는 것이다. 사람도 그렇다. 한국에서는 별 볼일 없던 사람이 이민을 가서 성공하는 경우

가 있고, 대기업에서는 물을 먹던 사람이 독립을 해서 빛을 보는 경우도 있다. 그런 면에서 자신이 몸담고 있는 업종이 자신과 맞는지를 잘 살펴야 한다.

때를 기다릴 줄 아는 것도 중요하다.

"나무가 마를 때까지 기다려야 한다. 말리는 방법도 나무마다 다르다. 젊은 나무는 성질이 강하다. 이런 나무는 야외에서 2~3년간 비를 맞혀야 한다. 그러면 강한 성질이 순화된다. 소나무는 겨울에 켜서 여름이 오기 전에 실내에서 말려야 한다. 나무도 익을 때까지 기다려야 한다. 작업에 들어가는 것도 적절한 시기를 기다려야 한다. 습기가 많은 계절에 가구를 만들면 나중에 변형이 된다. 가을에 시작해 봄에 끝내는 게 상식이다."

조용헌 선생의 말이다.

요즘 최고의 이슈인 기업의 지속가능성도 나무에 비유해 많이 설명한다. 살아서 천 년, 죽어서 천 년이라는 말을 듣는 주목은 장수의 상징인데, 그 역시 튼튼한 뿌리 덕분이다. 일반 나무들은 줄기가 크면 뿌리도 크지만, 주목은 줄기가 커도 뿌리 끝은 실뿌리처럼 가늘다. 물도 적게 흡수하고 강한 햇빛을 싫어하는 편이라 성장이 늦다. 성장이 늦은 대신 기초를 단단히 다져가면서 오래간다. 그런 면에서 빨리 성장하는 것은 그만큼 무너지기도 쉽다.

당신은 찍새인가 딱새인가

IMG라는 세계적인 스포츠마케팅회사를 만든 마크 매코믹 회장은 원래 변호사였다. 그런데 본업보다는 골프에 관심이 많았다. 어떻게 하면 골프를 잘 칠까를 늘 고민했다.

어느 날 클럽하우스에서 골프의 전설 아놀드 파머를 봤는데, 그가 사람들에게 불평을 털어놓고 있었다.

"난 정말 골프만 치고 싶은데 너무 잡일이 많아요. 계약서도 써야 하고, 세금 계산도 해야 하고, 광고 관련해 전화도 받아야 하고…."

그 말을 들은 매코믹은 파머에게 접근해 이런 제안을 한다.

"잡일을 하는 게 힘드시죠? 그럼 당신은 골프만 치세요. 나머지 잡일은 다 제가 처리할게요."

그렇게 해서 만들어진 게 IMG다. 파머는 골프만 치니 좋고, 자신은 골프 관련 일을 하니 좋은 것이다.

일을 생산적으로 하려면 역할 분담이 필수적이다. 회사에서도 그렇다. 영업을 잘하는 사람은 영업만 하고, 생산이나 연구개발을 잘하는 사람은 그것만 하는 것이 둘 다 하는 것보다 효과적이다.

나는 이를 찍새와 딱새로 비유한다. 찍새는 구두를 찍어오는 사람이다. 영업맨이다. 딱새는 찍어온 구두를 닦는 것이다. 당신은 찍새인가, 딱새인가?

우아한 영업

  사람들은 누구나 무언가를 팔면서 생계를 유지한다. 그 행위를 영업이라고 한다. 내가 이렇게 글을 쓰는 것도 따지고 보면 누군가에게 뭔가를 파는 행위일 수 있다.

영업은 이성을 유혹하는 것에 비유할 수 있다. 가장 힘들고 고달픈 것은 맨땅에 헤딩하는 일이다. 자신이 어떤 사람인지, 자신이 취급하는 물건이 얼마나 끝내주는 것인지를 그때마다 일일이 설명해야 한다. 대부분의 사람들이 이렇게 영업을 한다. 다음은 나이트클럽에서 이성을 유혹하는 것이다. 여기에 오는 남녀들은 대부분 이성에 관심이 높다. 내가 어떤 사람인지, 내가 어떤 사람인지 정도는 설명이 필요할 수 있으나, 그게 그렇게 높은 비중을 차지하지 않는다. 서로 눈만 맞아도 소기의 목표를 달성할 수 있다. 가장 편하고 우아한 것은 팬사인회 영업이다. 여기는 스타를 보기 위해 자기 돈을 써서 온 사람들로 가득 차 있다. 별도로 영업할 필요가 없다. 그냥 원하는 사람에게 물건을 주면 된다. 세상에 이보다 좋을 수는 없다. 이미 이렇게 영업을 하는 곳이 있다. 바로 스타벅스다.

지인 중 한 사람은 스타벅스 오타쿠다. 다른 커피숍엔 일절 가지 않고, 오로지 스타벅스만 이용한다. 또 관련 물품을 수집하는 취미를 갖고 있다. 온갖 곳을 돌아다니며 그 지역의 머그잔이나 컵을 사고 수집한다.

당신은 무엇을 팔고 있는가? 현재 당신의 영업 방식은 어떤 것인가? 아직 맨땅에 헤딩을 하고 있다면 어떻게 해야 우아하게 영업을 할 수 있다고 생각하는가?

집토끼와 산토끼

집토끼와 산토끼 중 어느 토끼가 더 중요할까? 당연히 집토끼다. 대접을 잘 받은 집토끼는 산토끼에게 자기 집 자랑을 많이 한다. 샘이 난 산토끼는 집토끼가 부러워 그 집으로 들어온다. 반대로 집에서 대접을 못 받는 집토끼는 집을 뛰쳐나가 산토끼가 된다.

공자님도 비슷한 이야기를 했다. "近者說(근자열) 遠者來(원자래)"란 말이 그것이다. 여기서 說(열)은 '기쁘게 할 열'이다. 즉, 가까이 있는 사람을 기쁘게 하면 멀리 있는 사람이 찾아온다는 말이다. 반대로 가까이 있는 사람을 열받게 하면 그들은 도망간다. 잘되는 조직은 직원들이 밖에 나가 회사 자랑을 많이 한다. 망하는 조직은 직원들 입을 통해 회사의 문제점이 노출된다.

당신은 최근 집토끼를 위해 무엇을 했는가? 기쁘게 한 일이 많은가, 열받게 한 일이 많은가? 열받게 한 일이 많았다면 곧 당신에게도 열받을 일이 많이 생길 것이다. 그것조차 눈치 채지 못하고 있다면 당신 자리는 위험하다.

'잡은 고기는 먹이를 주지 않는다.'

내가 싫어하는 속담이다. 말도 되지 않는다. 잡은 고기에게 더 잘해야 한다. 먼 사람보다는 가까운 사람에게 잘해야 한다. 만고불변의 진리다. 고객만족도 그렇다. 대부분의 기업은 기존 고객보다는 신규 고객 확보에 열을 올린다. 고객이 아닐 때는 온몸을 다해서 정성을 쏟지만, 고객이 되는 순간 시큰둥해진다. 신문이 대표적이다. 기존 고객에게는 아무것도 주지 않지만, 신규 고객이 되면 상품권도 주고 자전거도 준다. 뭐가 잘못돼도 한참 잘못된 것이다.

당신의 집토끼는 누구인가? 그에게 얼마나 정성을 쏟고 있는가?

빈 병은 떠내려가지만,
연어는 물살을 가르며 오른다

얼마 전 지오영이란 의약품 유통회사에서 강의를 했다. 이 회사의 이희구 회장은 영업사원 출신이다. 별 볼 일 없는 영업사원에서 3조가 넘는 매출을 올리는 회사의 오너가 된 것이다. 어떻게 이런 일이 일어날 수 있을까?

그분의 책《성공을 쫓지 말고 성공을 리드하라》를 보니 오늘날의 그분을 만든 것은 바로 뚜렷한 목표였다. 그는 영업을 하면서 의약품 유통회사를 직접 경영하겠다는 목표를 세웠다. 그가 생각하는 목표의 중요성이다.

첫째, 하는 일에 의미가 생기면서 일이 힘들어도 불평하는 일이 없어졌다. 지금 만나는 모든 사람이 나중에 내 사업을 할 때 좋은 자산이 된다고 생각하니 조금이라도 더 많은 사람을 만나고 싶어졌다. 또 다양한 영업전략을 구사하고 싶어졌다. 열정만으론 2% 부족한 느낌이었는데, 그 부분이 미래의 목표로 채워진 느낌이다.

둘째, 업무를 보는 시야가 넓어졌다. 내가 직접 사업체를 경영한다는 생각으로 일을 대하니 평범한 직원이 아니라 사장의 눈으로 모든 일을 보기 시작했다.

셋째, 그전에는 재미없던 교육 시간이 재미있어졌다. 거래처를 나가도 좀 더 유심히 사람과 업무를 관찰하게 되었다.

목표는 사람을 성찰하게 만든다. 목표가 있는 사람은 주기적으로 자신이 올바른 방향으로 가는지 돌아보게 된다. 사람은 그런 성찰을 통해 성숙하게 된다. 목표가 있으면 남들이 보지 못하는 것을 볼 수 있다. 지금 무엇을 해야 할지 확실히 알 수 있다. 유치하고 사소한 목표라도 목표가 있는 사람과 없는 사람은 일하는 자세도 다르고 결과도 다르다. 목표가 없으면 코앞의 작은 이익에 끌려다니기 쉽지만, 목표가 있으면 무엇이 최선인지 알고 거기에 맞게 행동하기 때문이다.

목표가 있느냐 없느냐에 따라 빈 병의 삶이 되고 연어의 삶이 된다. 큰 차이가 난다. 세상이 파도라고 할 때 빈 병은 출렁이는 파도에 몸을 맡기고 이리저리 떠밀려 살 수밖에 없다. 뭔가 하는 것 같지만, 사실은 아무것도 하지 않는 것이다. 연어는 다르다. 뚜렷한 목표가 있기 때문에 물살을 거슬러 힘차게 올라간다. 여러분은 어떤 목표를 갖고 사는가? 이번 달의 목표는 무엇인가? 오늘 꼭 해야 할 일은? 목표를 갖고 살아야 한다. 내가 어느 쪽으로 가고 싶은지 명확하게 해야 한다.

재앙을 뜻하는 영어는 'disaster'이다. 이 단어는 사라진다는 뜻의 dis와 별을 뜻하는 aster로 구성되어 있다. 별이 사라지는 것이 재앙이란 것이다. 나침반이 나오기 전에는 항해를 할 때 별을 보고 방향을 잡았는데, 구름이 끼거나 폭풍우가 치면 방향을 잃게 되므로 그걸 재앙이라고 했던 것이다. 참으로 무릎을 치게 만드는 말이다.

여러분 삶에 방향이 없다면 그것 자체가 이미 재앙이다. 뚜렷한 방향성이 없다는 것은 이리저리 밀려다니는 빈 병과 같은 삶이 되는 것과 같다.

기꺼이 희생하는 방법

성인이 된 아들 삼형제가 있었다. 이들은 각자 가장 귀중한 것을 하나씩 마련하기로 했다. 큰형은 세계 구석구석까지 볼 수 있는, 신기한 유리구슬을 샀다. 둘째는 세상 어디라도 갈 수 있는, 날아다니는 양탄자를 구했다. 막내는 석류 열매를 하나 샀다. 그러던 어느 날, 큰형이 유리구슬을 통해 공주가 중병을 앓고 있는 것을 발견했다. 셋은 둘째의 양탄자를 타고 공주에게 갔다. 그리고 공주는 막내가 준 석류를 먹고 병이 나았다.

그 모습을 본 왕이 크게 기뻐하면서 셋 중에서 가장 공이 큰 사람에게 딸을 주겠다고 했다. 공주는 자신이 결정하겠다고 하면서 막내를 선택했다. 왕이 이유를 묻자 공주는 이렇게 답했다.

"셋 다 나름의 역할을 했습니다. 하지만 첫째와 둘째의 물건은 전혀 손상되지 않았습니다. 원래 모습 그대로입니다. 하지만 막내가 가졌던 석류는 사라졌습니다."

여기서 유리구슬은 정보 획득을 뜻한다. 양탄자는 사람이나 돈 같은 비즈니스 수단을 의미한다. 석류는 자기희생을 말한다. 이 이야기는 자기희생의 소중함을 강조한 일화다.

내가 다녔던 대우그룹의 가치는 도전, 창조, 희생이었다. 김우중 회장은 후손을 위해 지금의 우리 세대가 희생을 해야 한다고 주장했다. 실제 그분은 미친 듯이 일했지만 자신의 유익을 쫓는 일은 하지 않았다. 당시 나는 희생이란 말에 100% 동의할 수 없었다. 앞의 두 가지는 이해가 되는데 마지막 희생이 이해되지 않았다. '왜 내가 회사를 위해 희생을 해야 하지?'란 생각이 들었기 때문이다. 그런데 나이가 들수록 조금씩 희생이 필요하단 생각을 하게 된다. 희생이란 무엇일까?

희생이라는 뜻의 영어 sacrifice와 신성하다는 뜻의 영어 sacred는 어원이 같다. 내가 생각하는 희생은 그 일을 신성하게 생각하는 것이다. 그러면 일을 해도 힘들지 않다. 김우중 회장의 희생은 후손을 위해 좋은 일자리를 많이 마련해서 그들을 풍요롭게 하자는 뜻이었을 게다. 그런 신성한 일을 희생으로 생각했던 것 같다.

결혼한 딸이 임신을 했는데 제대로 먹지를 못한다. 내 아내는 그런 딸을 위해 정말 헌신적으로 음식을 해주고 온갖 뒷바라지를 한다. 내가 힘들지 않느냐고 말을 건네면 아내는 "전혀 그렇지 않아요. 딸을 위해 그 정도도 못해주겠어요?" 하고 웃으면서 이야기한다.

세상에 공짜는 없다. 뭐든 희생이 필요하다. 그런데 기꺼이 희생하는 방법이 있다. 바로 그 일을 신성하게 생각하는 것이다. 내가 하는 일에 의미를 부여하는 것이다.

6

섹스는
나이 들어서 한꺼번에?

꼭대기층과 1층, 어느 쪽을 선택하시겠습니까?

뭔가를 어렵게 설명하는 교수들이 있다. 대개는 자신이 제대로 이해하지 못했기 때문이다. 이해하지 못하니까 자신이 아는 내용을 부분부분 던지고 청중으로 하여금 알아서 조합하라는 것이다. 그런 면에서 자신의 전문 분야를 중학생도 알아들을 수 있을 정도로 쉽게 설명할 수 있는 사람이야말로 진정한 전문가라고 할 수 있다. 리스크가 큰 금융상품에 대한 이런 설명이 좋은 예다.

"호숫가 콘도를 분양하고 있습니다. 전망은 아주 좋지만 불이 나면 대피하기 쉽지 않은 꼭대기층과, 전망은 좋지 않지만 불이 나도 쉽게 대피할 수 있는 1층에 콘도가 각각 하나씩 남았습니다. 둘 중 어떤 콘도를 선택하시겠습니까?"

한 사람이 "난 기꺼이 전망이 좋은 콘도를 선택하겠습니다"라고 하자 그는 "위험을 감수하겠다는 이야기시네요"라고 답했다. 참 기막힌 설명이다.

엔지니어들은 자신의 상품을 설명하는 데 애로를 갖고 있다. 처음으로 오디오에 사용하는 돌비 시스템을 개발했을 때도 그랬다. 그런데 한 기술자가 일반인을 대상으로 다음과 같은 비유를 사용해 멋지게 설명했다.

"세탁기의 역할이 뭡니까? 빨래 안에 있는 오염, 이물질 등을 분리해 제거하는 겁니다. 돌비는 음 안에 있는 소음만을 뽑아내 제거하는 겁니다."

탁월한 설명이 아닐 수 없다.

최근에는 주한 미국대사 마크 리퍼트가 사드(THAAD, 고고도미사일방어체계)에 대해 쉽게 설명했다.

"우린 비가 오면 우비를 입고 우산을 써야 합니다. 북의 폭격이 있을 때도 우비와 우산이 필요합니다. 패트리어트 미사일이 우비라면 사드는 우산입니다."

사드가 어떤 것인지 그림이 그려진다.

좋은 시멘트와
중국 요리의 공통점

시멘트회사 사장을 하는 내 친구는 품질
좋은 시멘트 만드는 법을 이렇게 설명하여 나를 감탄하게 했다.

"좋은 시멘트를 만드는 것은 중국 요리와 같다. 빨리 온도를 높이고
빨리 냉각시켜야 된다. 그게 기술이다."

느낌이 확 온다.

최근에는 박태현 서울대 교수가 그랬다. 그는 바이오 전문가인데,
자신이 하는 일을 아주 쉽게 잘 설명했다. 이런 식이다.

"골프 용어는 더 이상 골퍼들의 전유물이 아니다. 누구나 파, 버디,
이글 정도는 안다. 요즘 생명공학도 그렇다. 생명공학을 모르면 '생
맹'이다. 유전자, DNA, 염색체의 차이를 아는가? 일단 줄기세포를 알

아보자. 이를 이해하기 위해서는 인간의 탄생 과정을 알아야 한다. 정자와 난자가 결합해 수정란을 만든다. 수정란은 배반포가 되고, 이게 태아로 발전한다. 이 배반포가 배아줄기세포다. 배아줄기세포가 각종 세포로 분화된다. 그런데 여기에는 난자 수급의 문제, 배아줄기세포는 생명체라는 윤리 문제가 있다. 2012년 노벨상을 받은 교토대의 야마나카 교수는 역분화줄기세포란 개념을 만든다. iPS cell(induced pluripotent stem, 유도다능성 줄기세포)이다. 이 개념은 스키장과 같다. 수정란은 제일 꼭대기에 있는 스키장이다. 어느 코스든지 탈 수 있다. 다음은 배아줄기세포이고, 그다음은 성체줄기세포이고, 마지막이 분화된 세포다. DNA, 유전자, 염색체의 차이도 명확하다. DNA는 실이다. 유전자를 나타내는 진(gene)은 실 위에 있는 의미 있는 정보를 가진 부분이다. 인간이 가진 23개의 염색체(chromosome)는 실을 감은 실패에 해당한다."

당신이 하는 일을 비유를 사용하여 쉽게 설명할 수 있다면 당신은 이미 경지에 오른 사람이다.

작은 고기는 방생합니다

요즘은 고속도로에 교통경찰이 별로 없다. 과속 단속 카메라 덕분이다. 운전을 별로 하지 않고 과속도 안 하는 편인 나도 몇 번인가 집으로 과속 딱지가 날아와 벌금을 낸 적이 있으니 매일 차를 끌고 다니는 사람들은 얼마나 벌금을 내는지 궁금하다.

내가 생각하는 교통경찰과 카메라의 차이는 낚시와 그물의 차이와 같다. 카메라는 길목에 그물을 쳐놓고 지나가는 모든 차량을 24시간 잡기 때문이다. 어디선가 들었던 이야기다.

과속으로 달리던 운전자가 경찰에게 잡혔다. 그는 한 번만 봐달라고 경찰에게 빌었지만, 경찰은 꿈쩍도 하지 않고 빨리 면허증을 내라고 요구했다. 그런데 마침 그때 엄청난 속도로 쌩 하면서 포르셰가 지나가는 것이었다. 그 광경을 본 운전자가 억울하다는 듯 경찰에게 호소했다.

"나보다 훨씬 빨리 달리 저 사람은 안 잡고 왜 나만 잡습니까?"

그러자 경찰이 이렇게 말했다.

"여보슈, 당신은 낚시터에 가면 저수지에 있는 고기를 다 잡아옵니까?"

할 말이 없어진 사람은 이렇게 응수했다.

"물론 그건 아니지요. 하지만 전 작은 고기는 다 방생합니다. 그래야 나중에 큰 고기로 자라거든요."

그 말을 들은 경찰은 웃으며 이렇게 말했다.

"그건 그러네요. 그럼 앞으론 과속하지 마세요. 안녕히 가세요."

일반미, 정부미, 공양미

한 친구는 딸 둘에 아들 하나를 두었는데, 막내아들이 미국 여성과 결혼했다. 그가 막내아들 결혼식에서 이런 내용의 스피치를 했는데 참 멋있었다.

"제 큰애는 경상도 남자와 결혼을 했고, 둘째 애는 전라도 남자와 혼인을 했습니다. 영호남을 아우르는 융합의 상징입니다. 그러다 마지막에는 미국 며느리를 맞게 되었습니다. 국내를 벗어나 글로벌하게 살라는 메시지인 것 같습니다."

그 친구 역시 글로벌하게 전 세계를 누비는데, 자녀의 혼사와 글로벌을 아주 절묘하게 연결해 이야기함으로써 많은 사람에게 깊은 인상을 심어주었다.

그의 이야기를 듣고 꽤 오래전 들었던 스피치가 떠올랐다. 삼성병원장을 하다 동국대병원장을 거쳐 마지막으로 철도병원장을 하게 된 하권익 박사에게 사람들이 소감을 물어보자 그는 이렇게 답했다.

"저는 일반미만 먹던 사람입니다. 그러다 두 번째 직장에서는 절에서 주는 공양미를 먹었고, 현재는 정부미를 먹고 있습니다. 한 가지 쌀만 먹는 것보다는 저처럼 일반미, 공양미, 정부미를 먹는 것도 나쁘지 않더군요."

사람들은 뒤집어졌다. 당시는 정부미와 일반미 같은 단어가 많이 쓰이던 때라 더 사람들의 공감을 샀다.

여행은 원심분리기

　　　　　　행복은 재미와 의미의 결합이다. 재미란 순간적인 즐거움이고, 의미란 가치 있는 인생을 말한다. 행복을 위해 해야 할 것 세 가지 중 압도적 1위는 여행, 둘째는 운동, 셋째는 좋아하는 사람과 맛있는 것을 먹는 것이다. 피해야 할 것 세 가지는 지나치게 일을 많이 하는 것, 디지털 기기를 많이 쓰는 것, 출퇴근 시간이 긴 것 등이다. 특히 출퇴근 시간이 긴 것이 행복감을 많이 떨어뜨린다는 연구 결과가 있다. 행복 전문가 최인철 서울대 교수의 주장이다.

　　행복마루 조근호 변호사가 "왜 여행이 압도적 1위로 행복감을 주는가?"란 질문을 던지자 최 교수는 이렇게 답했다.

"여행은 무엇으로부터 벗어나는 것이다. 무언가와 떨어져보는 경험은 상당한 행복감을 준다. 행복감을 강하게 주는 활동 중에는 걷기, 놀기, 말하기, 먹기가 있다. 그런데 여행에는 걷기, 놀기, 말하기, 먹기가 모두 다 들어 있다. 그래서 여행은 행복의 종합 선물세트 내지는 뷔페다. 삶의 우선순위를 여행에 두어야 한다."

이어 조 변호사가 행복한 활동의 공통점을 물어보자 최 교수는 이렇게 답한다.

"행복한 활동에는 세 가지 요소가 들어 있다. 첫째 자유다. 사람은 자유로울 때 행복을 느낀다. 둘째 유능이다. 무슨 일을 잘할 때 사람은 행복을 느낀다. 마지막이 관계다. 사람은 관계가 강화될 때 행복을 느낀다. 어떤 활동을 할 때 자유, 유능, 관계가 많이 들어 있으면 행복하다. 여행은 이 세 가지 요소가 다 들어 있다."

여행에 어떤 의미가 있느냐는 질문에 최 교수는 이렇게 답한다.

"여행은 원심분리기다. 여행을 하면 본질적이지 않은 것들은 다 떨어져 나간다. 잡다한 일들은 다 잊어버린다. 자아만이 남는다. 원심분리기를 돌려도 절대 떨어져 나가지 않는 자아, 나 자신과 직면하게 된다. 그래서 여행이 가치 있는 인생을 만드는 데 기여하는 것 같다."

'조근호 변호사의 월요편지'에서 위의 대화를 읽었다. 참으로 멋진 대화란 생각이다. 최인철 교수는 행복에 대한 화두를 던지고 이어 조근호 변호사가 질문을 던지는데, 좋은 질문에 멋진 답변이다. 최근에 읽은 대화 중 가장 멋진 대화다. 무엇보다 '여행은 원심분리기'란 말에 크게 공감했다. 맞다. 여행을 다녀야 실제의 내가 어떤 사람인지 본질을 알게 된다.

매일 실험실에서 보는 원심분리기와 여행을 이렇게 연결할 수 있다니 그의 표현력에 감탄할 뿐이다.

사주명리학은 불법체류자

뜸의 대가인 구당 김남수 선생은 수많은 사람의 건강을 되찾아주고 있지만, 허가증 없이 영업을 한다는 이유로 정부로부터 온갖 구박을 받고 있다. 사실 의료 관련업은 민감한 사안이기 때문에 광고를 비롯해서 모든 것에 많은 제약이 따르기 마련이다. 이는 미국도 마찬가지다. 대체의학으로 많은 암환자가 낫고 있지만, 미국식약청(FDA) 역시 건강 관련 사항은 엄격하게 규제한다.

무슨 일을 할 때 허가를 받고 하는 것과 허가 없이 불법으로 하는 것은 다르다. 동양학이 그렇다.

"동양학에는 사주명리, 풍수지리, 한의학 세 가지가 있는데, 각자의 상황이 다르다. 한의학은 경희대에 한의학과가 생기면서 시민권을 획득했다. 풍수지리는 최창조가 서울대 교수가 되면서 영주권을 얻었다. 근데 사주명리는 아직 불법체류자다."

조용헌 선생이 한 말인데, 이렇게 비유를 하니 머리에 쏙 들어온다.

전문가는
남한산성의 화살구멍

《루키스마트》란 책이 있다. 루키란 초보자
들이란 말인데, 여기서는 다른 일을 하다 새로운 분야에 진입한 사람
들을 일컫는다. 루키들은 전문가들에 비해 일도 스마트하게 하고 새로
운 생각으로 혁신을 일으킨다는 것이다. 왜 그럴까?

이들은 일단 겸손하다. 자신이 잘 모른다는 사실을 인지하고 새로
운 지식과 정보를 받아들이려 한다. 전문가를 찾아다니며 늘 질문하고
그들로부터 배우려 한다. 또 선입견이 없기 때문에 생각이 자유롭다.
당연히 기존의 전문가들이 생각하지 못했던 시도를 하면서 혁신에 적
극적이다. 반면 전문가들은 어떤가? 이들은 많은 지식과 경험이 있다.
아는 것이 많지만 선입견이 강하고 편견도 많다. 자기주장도 강하고

남의 이야기를 잘 듣지 않는다. 자기 생각을 고집하고 새로운 생각을 받아들이지 않는다.

그런 면에서 전문가들은 남한산성에 있는 화살구멍과 같다. 성벽의 화살구멍은 밖은 좁고 안으로 갈수록 넓은 수평 사다리꼴 모양을 하고 있다. 화살이 들어오기는 어렵지만 나가기는 쉽게 만든 것이다. 적이 쏜 화살에 맞을 확률을 낮추고 외부의 적에게 화살을 쉽게 쏘기 위해 만든 구조다. 전문가가 된다는 것은 한 분야를 깊이 판다는 뜻이고 한편으로 시야가 좁아질 개연성이 높아진다. 그렇기 때문에 전문가가 될수록 의도적으로 높은 곳에서 사물을 바라볼 수 있어야 한다.

열정은
자동차 와이퍼

  일을 잘하기 위해서는 열정이 가장 중
요하다는 이야기를 많이 한다. 그런데 열정이란 무엇일까? 열정
(enthusiasm)의 어원은 '신(theos)이 내 안에 들어왔다'는 말이다. '신이
내리다'와 비슷한 뜻이다. 우리말로 하면 접신(接神) 정도로 표현할 수
있다. 이 상태가 되면 내가 일을 하는 것인지, 신이 일을 하는지 구분하
기 어렵다. 신들린 듯 일하는 것을 말한다. 무당처럼 몰입 상태에서 무
엇인가를 집중적으로 할 수 있는 마음의 상태나 능력이 바로 열정이
다. 이런 열정이 있다면 어떤 일이라도 할 수 있다.

  성공은 곧 열정이다. 열정적인 사람이 성공한다. 열정적인 사람은

다른 사람에게 열정을 불어넣는다. 이를 위해서는 자신이 우선 열정으로 무장해야 한다. 뭔가 경지에 오르기 위해서는 이런 열정이 필요하다. 뭔가에 미쳐야 한다. 약간의 편집증도 필요하다. 일을 하다 보면 온갖 장애물이 나타난다. 열정이 없으면 그런 장애물 앞에서 쉽게 좌절한다.

열정은 자동차 와이퍼와 같다. 비를 내리지 않게 하거나 멈출 수는 없지만 계속 운전할 수 있게 해준다. 비가 계속 오는가? 와이퍼가 있는가? 그럼 별 문제가 없다. 와이퍼로 닦으며 계속 앞으로 나가면 된다.

©서경호

진보와 보수는
가위의 윗날과 아랫날

나는 편 가르는 것을 좋아하지 않는다. 그런데 아직 우리 사회는 진보냐 보수냐의 논쟁이 단골 메뉴다. 서로 자신의 우수성을 드러내기 위해 상대를 비하하곤 한다. 둘 중 하나는 죽어줘야 자신이 산다고 생각하는 것 같다.

내가 생각하는 보수는 기존의 틀을 유지하면서 그 안에서 변화를 꾀하는 것이고, 진보는 기존의 틀을 파괴함으로써 사회가 발전한다고 생각하는 것이다. 반기문 같은 분은 진보적 보수주의자라고 자신을 표현하는데, 역시 외교관답다는 생각이다. 양쪽으로부터 다 좋은 소리를 듣고 싶어 한다는 느낌이다. 그것의 정확한 정의가 궁금하다.

진보와 보수 중 어느 것이 나은가 하는 질문에 나는 경제학자 리카도의 이야기를 들려주고 싶다. 그는 유대인이다. 제대로 학교를 다니지 못했지만 천부적인 호기심으로 독학을 해서 세계적인 경제학자가 된 사람이다. 당시에는 가치가 생산에 의해 결정되는지, 아니면 그 제품이 갖고 있는 효용에 의해 결정되는지 설왕설래했다. 그는 거기에 대해 이렇게 말했다.

"이를 따지는 건 가위의 윗날이 종이를 자르는지, 아니면 가위의 아랫날이 종이를 자르는지 따지는 것과 같다. 두 개가 다 가치 결정에 영향을 끼친다."

진보와 보수에 대한 논의도 위의 비유와 비슷할 것이다. 사회는 진보와 보수의 두 바퀴 덕분에 발전하는 것이다. 진보가 없으면 보수도 없고, 보수 또한 진보 덕분에 존재하는 것이다. 가위의 한 날로 종이를 자르는 것은 불가능하다.

원칙이 뼈대라면
융통성은 근육이다

"저 사람은 유도리가 있어," "저 사람은 꽉 막혔어"란 말을 많이 한다. 유도리란 일본어로 융통성을 뜻한다. 그런데 융통성이 있다는 건 무슨 말일까? 융통성이 있다는 게 줏대가 없다는 뜻일까?

기본과 융통성은 밀접한 관계가 있다. 기본이 확실해야 융통성이 있을 수 있다. 기본이 흔들리면 융통성도 존재하지 않는다. 융통성은 남이 하자는 대로 움직이는 게 아니다. 그건 줏대가 없는 것이다. 이는 바퀴와 축으로 비유할 수 있다. 바퀴가 부드럽게 잘 굴러가려면 축이 튼튼해야 한다. 만약 축이 흔들리면 바퀴는 잘 굴러가지 않는다. 기본은 바퀴의 축과 같다.

김낙회 전 제일기획 사장의 비유가 제일 가슴에 와닿는다. 그는 이렇게 말한다.

"원칙과 융통성은 함께 가야 합니다. 원칙이 뼈대라면 융통성은 근육입니다. 뼈는 혼자서는 못 움직이고, 근육이 움직여야 함께 움직입니다. 그러나 근육이란 것은 뼈 자체의 방향과 한계를 벗어나서 움직일 수는 없습니다. 근육이 뼈의 원래 각도보다 더 큰 움직임을 요구하면 부러지게 마련입니다."

참으로 적절하고 절묘한 비유가 아닐 수 없다.

섹스는
나이 들어서 한꺼번에?

　　30대 중반이 되도록 결혼을 계속 미루는
사람이 있다. 이유를 물어보니 아직 자리가 잡히기 않았기 때문에 자
리를 잡은 후 결혼하겠다는 것이다. 언제쯤 자리가 잡힐 것으로 보느
냐고 물었더니 잘 모르겠단다. 비슷한 이야기를 많이 들어봤을 것이
다. 그는 영원히 자리를 잡지 못할 것이다. 살아생전 자리를 잡는 날은
오지 않을 것이며, 설혹 오랜 세월이 흘러 자리가 잡힌다 해도 그게 무
슨 의미가 있을지 물어보고 싶다.

　　사실 자리를 잡은 후에는 결혼할 필요가 없다. 자리를 잡았는데 굳
이 결혼해서 힘들게 살 필요가 뭐 있는가? 결혼을 하는 이유 중 하나는
혼자만으로는 한계가 있기 때문에 둘이 힘을 합쳐 좀 더 빨리 자리를

잡자는 것이다. 특히 남자는 그렇다. 나같이 철딱서니 없는 남자들은 돈을 번다고 해도 자리를 잡을 수는 없다. 버는 만큼 쓰기 때문이다. 그런데 처자식이 딸리면 이야기가 달라진다. 책임감도 생기고 하면서 빨리 자리를 잡을 수 있다.

뭐든 다 때가 있다. 타이밍이 중요하다. 공부할 때는 공부해야 하고, 결혼할 때는 결혼해야 하고, 애를 낳을 때는 애를 낳는 게 좋다. 그런데 많은 젊은이가 경제적인 이유로 자꾸 이를 미룬다. 자리를 잡은 후 여자를 만나고, 결혼을 하고, 애를 낳고, 인생을 즐겨야 한다고 생각한다. 한마디로 삶의 가장 중요한 우선순위를 사랑이나 결혼보다는 돈을 벌고 커리어를 쌓는 데 두겠다는 것이다. 비슷한 말을 하는 대학생에게 워런 버핏은 이렇게 말했다.

"내가 들은 말 중 가장 멍청한 소리군. 그 말은 젊었을 때 섹스를 하지 않다가 나이 들어서 한꺼번에 하겠다는 말과 똑같네."

모든 것은 다 때가 있는 법이다.

재털이에 키스하고 싶지 않다

여러분은 담배를 피우는가? 담배에 대해 어떤 감정인가? 담배를 끊고 싶은데 쉽지 않은가? 소설가 김홍신의 이야기가 도움이 될 것 같다. 그는 37년 동안이나 담배를 피웠다. 폐암의 위험, 가족에 대한 간접적 살인 행위라는 이야기까지 들으면서 피웠다. 원고 쓸 때는 하루에 서너 갑을 피웠다. 그러다 어느 한 순간 딱 끊었다. 스승이 던진 한마디 말 때문이다.

"쥐는 쥐약인 줄 알면 먹지 않는데, 사람은 쥐약인 줄 알면서도 먹는다. 아주 뜨거운 물건은 얼른 내려놓으면 되는데, 붙잡고 어쩔 줄 모르니 델 수밖에 없다. 세상을 끌고 가도 시원찮은 마당에 담배한테 끌려다니겠는가?"

쥐는 쥐약인 줄 알면 먹지 않는데, 만물의 영장인 사람이 어찌 독약인 걸 알면서도 계속 먹고 있느냐는 질책을 듣고 담배를 끊은 것이다.

25년간 담배를 피웠던 나는 사실 금연에 대해 별로 할 말이 없다. 그만큼 금연이 어렵다는 것을 알고 있기 때문이다. 나 역시 온갖 협박과 공갈을 들으면서도 꿋꿋하게 피웠다. 돌아가신 아버지는 담배 때문에 후두암에 걸렸지만 그 병이 낫자 바로 담배를 피우면서 어머니에게 엄청 구박을 받으셨다. 담배처럼 중독성이 강한 물건은 누가 무슨 말을 한다고 해서 끊을 수 있는 게 아니다. 철저히 스스로 위험성을 깨달아야 한다. 핵심 중 하나는 주변 사람들이다. 담배를 피우지 않는 사람들 사이에 있으면 담배를 끊기 쉽다. 내가 담배를 끊게 된 것도 예전에 다니던 회사 사람들은 다 골초였는데 새로 입사한 회사에서는 대부분 여성이고 담배를 피우는 사람이 거의 없었기 때문에 가능했다. 지인 중 하나는 여자 친구로부터 이런 이야기를 듣고 바로 담배를 끊었다.
"당신과 키스하는 건 재털이에 입을 대고 있는 것 같아."
그런 이야기를 듣고도 담배를 계속 피우는 건 쉽지 않다.

더위는
엠티 같아요

나는 개인적으로 수선 떠는 사람을 별로 좋아하지 않는다. 너무 반색을 하거나 친한 척을 하는 것도 부담이 된다. 나도 오랜만에 사람을 보면 물론 반갑다. 하지만 지나치게 호들갑을 떠는 사람을 보면 속으로 '그렇게 보고 싶었으면 연락을 하든지 하지. 이렇게 반가워할 사람이 그렇게 연락이 없을 수가 있는 거야?'란 생각이 든다. 나도 참 삐딱한 사람이다.

뭐든 지나치면 좋지 않다. 2016년 여름은 정말 더웠다. 내 생애 그렇게 오랫동안 더웠던 적이 별로 없다. 한 달 이상 하루도 쉬지 않고 찜통 같은 더위 속에서 지냈다. 견디기 어려웠고 아무것도 할 수 없었다.

그러던 어느 날 비가 한 번 오고 나서 그 더위가 거짓말처럼 사라졌다. 사라진 것을 넘어 서늘하기까지 했다. 너무 심한 반전이라 기분이 이상했다. 이게 뭐지? 어제까지 그렇게 더워 에어컨 없이는 하루도 살 수 없다고 생각했는데, 어떻게 이럴 수가 있지? 그때 딸아이가 이렇게 말했다.

"아빠, 이번 더위가 사라진 것을 보니 대학생 때 자주 갔던 엠티 생각이 나요. 엠티를 가면 밤새 술 마시고 떠들고 놀잖아. 그렇게 친할 수가 없어. 그러다 새벽에 아무 소리 없이 떠나는 사람이 있는데, 이번 더위가 딱 그 친구 같아요."

참 적절한 비유라고 생각했다.

분노는 정신적 감기

분노는 멋진 순간을 훔쳐가는 도둑이다.

분노는 산(acid)과 같아서 퍼붓는 대상보다는 그것이 담긴 그릇에 더 큰 피해를 줄 수 있다.

분노란 올바른 통로를 찾지 못한 에너지다.

분노 뒤에는 후회가 따른다.

분노 관련 격언이나 속담이다. 한마디로 화를 내는 것은 어리석은 일이란 경고의 말이다. 면역력이 약하면 감기를 달고 산다. 정신력이 약하면 별것 아닌 일에 쉽게 화를 낸다. 내가 화를 내면 그 화가 주변에 퍼진다. 감기도 옮는다. 그런 면에서 화는 정신적 감기에 해당한다. 화

ⓒ서경호

를 낸다는 자체가 "난 미성숙한 사람입니다. 평생을 떠받들리면서 살아왔고 한 번도 좌절을 겪지 않았기 때문에 세상을 우습게 아는 사람입니다. 그래서 작은 불만도 견디지 못하니 알아서 피하세요"라고 광고하는 것과 같다.

불교방송에서 마음의 이치를 전하는 정목 스님은 분노 조절의 팁을 이렇게 전한다.

"분노가 일 때는 심호흡을 하세요. 종이분쇄기 아시죠? 그게 내 가슴속에 있다고 생각하세요. 숨을 들이켜며 분노가 들어옵니다. 분쇄기를 통과하며 자동으로 부숴집니다. 잘게 분쇄된 분노를 호흡을 내쉬며 함께 내보냅니다. 내뱉은 분노를 다시 들이마시고 다시 밖으로 내뱉습니다."

해보니 실제로 효과가 있다. 들숨과 날숨을 몇 번만 되풀이하면 화가 착 가라앉는다.

내가 사용하는 또 다른 분노 조절 방법은 걷는 것이다. 화가 날 때는 무조건 걷는 것이 좋다. 한 시간쯤 걸으면 웬만한 화는 사라진다. 그래도 화가 나면 두 시간을 걷는다. 이후엔 잠을 자는 것이다. 많이 걷고 잠을 자면 거의 모든 화가 사라진다. 얼마 후에는 자신이 왜 화를 냈는지조차 기억하지 못한다.

잠을 줄이는 것은
생명의 사채를 빌려 쓰는 것

나는 보통 아홉시쯤 자서 새벽 서너 시쯤 일어난다. 그렇게 한 지 10년쯤 되어간다. 자명종의 도움 없이 일어나는데, 그렇게 머리가 맑을 수 없다. 일어나서는 주로 글을 쓴다. 집중해서 쓰는데, 서너 시간 이상은 하기 어렵다. 다른 시간에는 글을 쓸 수가 없다. 글은 고도의 집중력을 필요로 하기 때문이다.

잘 자는 것은 참으로 중요하다. 그런데 그렇게 생각하는 사람이 의외로 많지 않은 것 같다. 생각은 해도 제대로 실천하는 사람은 별로 없다. 허핑턴포스트를 만든 아리아나 허핑턴이 쓴 《수면 혁명》에 나오는 내용을 보자.

음주운전과 졸음운전의 공통점이 뭘까? 첫째, 둘 다 본인은 물론 다른 사람의 생명까지 빼앗을 수 있는 위험한 행동이다. 둘째, 그런 위험을 알지만 많은 사람이 계속해서 그런 행동을 반복하고 있다. 셋째, 가장 중요한 사실이 있다. 자신이 그렇다는 사실을 인지하지 못한다는 것이다. 술을 마신 후 운전하려는 사람들을 말리면 그들이 하는 말이 있다. "괜찮아요. 별로 마시지 않았어요"이다. 남들이 보기엔 괜찮지 않은데 정작 본인은 괜찮다고 생각하는 것이다. 수면 부족도 그렇다. 분명 잠이 부족해 정상이 아닌데 정작 본인은 괜찮다고 생각한다.

그렇다면 음주 상태에서 일하는 것과 졸린 상태에서 일하는 것에는 어떤 차이가 있을까? 둘 다 일을 한다고 생각하지만 실제 영양가는 별로 없다는 것이다.

잠의 중요성은 아무리 강조해도 지나치지 않다. 잠만큼 중요한 것도 별로 없다. 그런데도 제대로 알고 실천하는 사람이 많지 않다. 수면 부족에 너그럽다. 아니, 너그러운 것을 넘어 그것을 칭찬하고 성원하기도 한다. 공부를 위해 잠을 희생하는 것을 쉽게 용인하고 격려한다. 공부도 희생하고 잠도 희생하게 되는데도 말이다.

일도 그렇다. 매일 잔업을 하느라 수면이 부족하면 음주 상태에서 일을 하는 것과 별반 다를 게 없다. 산후우울증의 원인 중 하나도 바로 수면 부족 때문이다. 애가 제대로 자지 않으니 산모도 덩달아 자지 못하면서 만성적인 피로가 쌓이고 그것이 우울증으로 발전하는 것이다. 수면 부족은 사고로 이어지고, 잘못된 의사결정을 하게 만든다.

"살면서 저지른 모든 중대한 실수는 피곤으로 인한 것이었다."

빌 클린턴 전 미국 대통령의 말이다.

잠은 인생을 살며 누리는 가장 중요한 기쁨 중 하나다. 슬픔을 이기게 해주는 좋은 친구이자 창의적 생산성의 원천이다. 푹 자고 나면 어제와 다른 새로운 사람이 된 것만 같은 기분이 든다. 한결 상쾌하고 너그러워지며 남을 돕고 싶어진다. 의욕이 생겨 더욱 생산적으로 활동하게 된다. 이제 수면은 성공한 사업가들의 상징과도 같다.

잠은 스트레스에 지쳐 있는 현대인들에게 매우 희소한 상품이며, 새로운 지위의 상징이 되었다.

영어에 'Sleep on it'이란 말이 있다. 하룻밤 자면서 생각해본다는 말이다. 나는 이 책을 쓰는 동안 잠을 자면서도 책에 대해 생각했다. 그동안 얻은 지식을 꿈에서 내 것으로 만들려고 했다. 그러면서 나도 모르게 정리가 되고 복잡하던 머릿속이 깨끗해지는 느낌을 받았다.

수면은 야간 청소부와 같다. 마이켄 네더가드 로체스터대학 교수는 수면의 청소 기능에 대해 이렇게 말한다.

"그것은 식기세척기와 같다. 이미 사용한 더러운 식기에 음식을 담아 먹는 사람은 없다. 힘과 잠재력을 온전히 발휘할 수 없는 상태의 뇌로 하루를 보내는 것에 만족할 수 있는가? 수면은 뇌의 노폐물을 청소하는 과정과 같다. 유해한 화학물질 및 독소 청소는 자는 동안 일어난다. 깨어 있는 동안 뇌는 수많은 기능을 수행하느라 바쁘게 돌아가기 때문이다."

두뇌는 정신적으로 아무것도 하지 않을 때 가장 활발하게 일한다. 이를 '디폴트 네트워크'라고 한다. 디폴트 네트워크는 멍한 상태에 있을 때 혹은 잠을 자는 동안 정보를 소화하고 이해할 수 있게 해준다. 반대로 뭔가를 분주히 하고 있을 때 뇌는 아무것도 하지 않는다. 결심한다고 해서 당장 그것을 할 수 있는 것은 아니다. 오히려 내가 결심할수록 뇌는 비웃는다. 결심할수록 그 일을 할 가능성은 희박해진다. 그것은 오히려 자신의 에너지를 깎아먹는 행위와 같다. 나는 문제를 안고 잠을 자면 무의식이 문제를 해결해주는 것을 경험했다.

"잠은 줄이는 것은 내 생명의 사채를 빌려 쓰는 것과 같다."

한진규 서울수면센터 원장의 말이다.

김장을 하면서 글쓰기를 생각하다

아내가 김장하는 것을 도운 적이 있다. 우선 절인 배추를 물로 씻는다. 무를 씻어 채를 썬다. 마늘을 까고 이를 다진다. 생강, 파 같은 온갖 양념을 씻고 다듬어 준비한다. 많은 시간이 걸리고 노동력도 필요하다. 새우젓 같은 젓갈류도 준비한다. 이 모든 것을 큰 그릇에 고춧가루와 함께 넣고 버무린다. 양이 많고 매워 이를 젓는 일도 쉽지 않다. 땀도 제법 흘렸다. 마지막은 배추를 잘라 그 안에 버무린 속을 집어넣고 통에 넣는다. 속을 준비하는 일이 힘들지 막상 만들어진 속을 배추 속에 넣는 것은 의외로 간단하고 시간도 얼마 걸리지 않는다. 문득 김장하는 것과 글쓰기에 공통점이 있다는 생각이 들었다.

김장과 마찬가지로 글을 쓸 때 제일 시간이 많이 드는 것은 재료를 준비하는 것이다. 《채용이 전부다》란 책을 쓸 때의 일이다.

인사 전문가가 아니어도 인사와 관련해서는 누구나 한두 마디 할 수 있다. 비난이나 비판에는 비용이 들지 않는다. 하지만 인사에 대한 책을 쓴다는 건 다른 이야기다. 많은 노력과 품이 든다. 나는 책을 쓰기 전에 두 가지를 준비했다. 하나는 인사 관련 책을 많이 사서 읽었다. 채용, 배치, 평가, 보상 등등 몇 달이 걸렸다. 이렇게 한 주제에 관련한 책들을 읽으면 그 주제에 관한 한 일정 경지에 오른다. 다음으로 중원에 있는 고수들을 찾아서 인터뷰를 요청했다. 한 50명쯤 만난 것 같다. 채용의 노하우, 면접 때 던지는 질문, 뽑지 말아야 할 사람의 유형, 성공과 실패의 사례 등등. 대부분의 사람들은 기꺼이 자신의 경험과 노하우를 알려준다.

이렇게 되면 나는 세 종류의 지식을 갖게 된다. 첫째는 내가 가진 원래의 지식이다. 사실 보잘것없다. 다음은 책에서 얻은 지식과 중원의 고수들에게서 들은 지식이다. 이 세 종류의 지식이 머릿속에서 화학반응을 일으킨다.

책을 쓴다는 것은 관심을 갖는다는 것이다. 관심을 갖게 되면 정보가 모이고, 생각을 하게 되고, 생각한 것을 주변 사람들에게 이야기하게 된다. 어느 순간 이런 것들이 글로 나온다. 이 책도 비슷한 프로세스를 거쳤다. 이 책을 쓰기 시작한 후 나의 모든 관심은 비유로 모아졌다.

관련 정보를 찾고 몇 달간 비유만 생각했다. 사실 글을 쓰는 데는 그렇게 많은 시간이 들지 않았다.

글쓰기나 요리는 공통점이 있다. 첫째, 원재료가 가장 중요하다는 점이다. 원재료가 좋으면 다소 요리를 못해도 상관이 없다. 반대로 원재료가 식상하면 아무리 양념을 쳐도 거기서 거기다. 글도 그렇다. 얼마나 색다른 경험과 생각을 갖고 있느냐가 제일 중요하다. 남들도 다 아는 뻔한 이야기, 인터넷에 돌아다니는 수준의 정보로는 멋진 글을 쓸 수 없다. 둘째, 재료 준비에 시간이 많이 걸린다는 점이다. 셋째, 할수록 는다는 점이다. 요리도 그렇고 글쓰기도 자꾸 해야 는다. 이론보다는 임상이 중요하다. 넷째, 너무 많은 양념은 좋지 않다. 글도 그렇다. 너무 많은 형용사나 부사는 불필요하다.

혼밥은
주유소에서 기름 넣기다

나는 법정 스님을 추앙한다. 이미 수년 전에 돌아가셨지만 아직도 틈틈이 그분이 쓴 책을 다시 펼쳐본다. 그분의 맑고 청정한 정신, 카랑카랑한 목소리, 말과 행동의 일치를 정말 본받고 싶다. 무엇보다 그분의 글을 사랑한다. 그분은 비유의 대가였다.

당신은 만남을 뭐라고 정의하는가? 법정 스님이 생각하는 만남은 눈뜸이다. 좋은 만남이란 눈이 번쩍 뜨이게 하는 만남이란 것이다. 당신은 최근에 눈이 번쩍 뜨이게 하는 책이나 사람을 만난 적이 있는가? 만남은 그래야 한다. 서로가 서로에게 영감을 받고 불어넣을 수 있어야 한다.

당신은 시간을 뭐라고 생각하는가? 그분이 생각하는 시간은 목숨이다. 시간이 지나면 우리는 죽게 되어 있는데, 시간을 낭비하는 것은 목숨을 갉아먹는 행위라는 뜻이다. 따라서 남의 시간을 빼앗는 것은 남의 목숨을 위협하는 행위나 다름없다.

오래전에 본 내용이지만, 만남은 눈뜸이고 시간은 목숨이란 비유는 늘 내 마음속에 살아 있다. 그뿐이 아니다. 법정 스님은 늘 혼자 밥을 먹는데, 한번은 젊은이들과 함께 식사를 하게 되었다. 기분이 좋아진 스님이 이렇게 말씀하셨다.

"여럿이 먹으니까 참 맛있다. 혼자 하는 식사는 주유소에서 기름 넣는 거나 다름없다."

주유소에서 기름을 넣는다는 비유는 먹기는 싫지만 억지로 먹는다는 의미를 생생하게 전달한다.

법정 스님은 언어의 마술사다. 말 자체가 시와 같다. 어떻게 같은 말을 저렇게 표현할 수 있는지 신기하다. 본받고 싶다.